Lernwerkstatt EUROPA

Die Kontinente der Erde kennenlernen

5. Auflage 2025

Inhalt: Gabriela Rosenwald
Coverbild: © JFL Photography & jktu_21 - fotolia.com
Redaktion: Kohl-Verlag
Grafik & Satz: Kohl-Verlag
Druck: Druckerei Flock, Köln

Bestell-Nr. 11 795

ISBN: 978-3-95686-795-8

Bildnachweise Adobestock.com:

S. 6-72: © ronnarid; S. 1: © Africa Studio; S. 5: © Torbz; S. 6: © Tuna salmon; S. 7: © ii-graphics, Angelaravaioli; S. 10: © Peter Hermes Furian, virinaflora; S. 11: © Ludmila, Al, sararoom; S. 12: © koehm, Cartoon images; S. 13: © Igor Zakowski; S. 14: © virinaflora; S. 15: © Benjamin [,O°] Zweig, kameraauge, sirylok, kafrez, scaliger, carmenmsaa; S. 16: © ork_0013; S. 17: © gänserich grafik, glisic_albina; S. 18: © Angelaravaioli; S. 20: © Angelaravaioli, Torbz, Mitar, CLIPAREA.com, mhatzapa; S. 21: © M&M Baciu; S. 22: © JFL Photography, Marco2811, Kaesler Media, griro; S. 23: © Gabriele Rohde, edisainer, aminaaster; S. 24: © swisshippo; S. 25: © nszrejder; S. 26: © Emi Cristea, virinaflora; S. 27: © Angelaravaioli, macrovector; S. 28: © Björn Wylezich, Marina Lohrbach; S. 29: © Sergii Figurnyi, Punto Studio Foto; S. 30: © IRStone; S. 31: © SCStock, Diem4DM; S. 32: © by paul, mRGB; S. 33: © alberto, Sandner.Bernhard, marcohoffmann, Xaver Klaussner; S. 34: © Wolfgang Kruck, Zakharov Evgeniy; S. 35: © andrifoto, ok-foto, Viliam, Alexander Potapov, Scisetti Alfio; S. 36: © photolav; S. 37: © Taras Livyy; S. 38: © Dreadlock; S. 39: © willypd; S. 40: © JFL Photography, hardyuno, Sergii Figurnyi, scaliger; S. 41: © Angelaravaioli, Graphitheque, casaltamoiola; S. 42: © remlen, Terriana, TTstudio; S. 43: © natasavina; S. 44: © ii-graphics, Pepito_Sbazzeguti, mrks_v, virinaflora; S. 45: © kurkalukas, ansaharju, lamax; S. 46: © Ekaterina Kapranova, Acento Creativo, Netfalls; S. 47: © irisphoto1, lunamarina, RAWKU5, VRD, COSPV, womue, bigguns, virinaflora; S. 48: © magr80, starush, Vlada Z; S. 49: © ylivdesign, ksenyasavva, fir4ik, ya_mayka, fuzzylogickate, Maria Schmitt, ub-foto, studioworkstock; S. 50: © PrintEquipment, Gstudio Group; S. 51: © Sammy, Angelaravaioli, vencav; S. 53: © Lotharingia, Ancello, jokatoons; S. 54: © totallypic; S. 55: © kartoxjm; S. 56: © agrus, its FR!TZ; S. 57: © insima, Angelaravaioli; S. 58: © nataka; S. 59: © Eugene Ga, RunningFan, NoraDoa, musri, RunningFan, annebe; S. 60: © cesar, Angelaravaioli; S. 61: © insima, Matthew Cole, Vector Art Design, agaes8080; S. 62: © jgorzynik, Zoya Miller, carlacdesign; S. 63: © larison, Brad Pict, JiSign; S. 64: © entelechie; S. 65: © kerdazz; S. 67: © ii-graphics, Tuna salmon, Peter Hermes Furian; S. 69: © Kaesler Media; S. 70: © Taras Livyy; S. 71: © chbaum;

Wikipedia.com: S. 18: © beate steger; S. 23: © TUBS; S. 28: © NordNordWest; S. 51: © TUBS; S. 52: © Diliff, Paris 16; S. 59: © TheoSchacht; S. 71: © Paris 16, Diliff;

Kontakt: Kohl-Verlag, An der Brennerei 37-45, 50170 Kerpen
Tel: +49 2275 331610, Mail: info@kohlverlag.de

Inhalt

KOHL VERLAG Lernwerkstatt EUROPA Die Kontinente der Erde kennenlernen – Bestell-Nr. 11 795

Inhalt

KOHL VERLAG Lernwerkstatt EUROPA Die Kontinente der Erde kennenlernen – Bestell-Nr. 11 795

Vorwort

Liebe Kolleginnen und Kollegen,

Europa ist der Kontinent, auf dem wir leben. Viele Kinder reisen in den Ferien in andere Länder. Sie erleben andere Sprachen und Kulturen. So sind vielleicht schon einige Länder ein wenig bekannt und die Schüler können zu einigen Gebieten sicherlich noch interessante Details beisteuern.

Sie finden hier leichte und schwierigere Aufgaben. Die Schüler können malen, zuordnen, Lückentexte füllen, Fehler finden und Versuche durchführen. Der Umgang mit einer Landkarte wird geübt, und manches soll auch durch Eigeninitiative erforscht werden. Lösungsvorschläge sind ebenfalls vorhanden. Die Schüler werden zu selbstständiger Arbeit angehalten und finden bestimmt interessante Ergebnisse. Ein solcher Lernprozess ist erfahrungsgemäß nachhaltiger als ein reines Lesen der Texte!

Hier noch einige Ideen für Projekte in der Klasse:

1. Schicken Sie die Kinder in Urlaub! Jeweils 2 – 4 Kinder bekommen ein Urlaubsziel vorgegeben (oder suchen es sich aus) und stellen dazu eine kleine Mappe her.
2. Städtereisen: Große Städte bieten interessante Sehenswürdigkeiten und Veranstaltungen. Wieder in Gruppenarbeit wird ein Stadtführer angefertigt.
3. Zu Städten kann eine Kollage gebastelt werden.
4. In fast allen Ländern lassen sich auch interessante Rundreisen durchführen. Natürlich gehören dazu auch die Reisewege!
5. Bekannte Persönlichkeiten eines Landes (Napoleon, Brüder Grimm ...) haben oft bemerkenswerte Geschichten!
6. Und nicht zu vergessen die Küche der verschiedenen Länder: In England isst man ganz anders als in Griechenland. Wie wäre es mit einem Kochversuch zu den Ländern? Es müssen ja keine französischen Schnecken sein.

Viel Freude und Erfolg beim Einsatz der vorliegenden Kopiervorlagen wünschen Ihnen der Kohl-Verlag und

Gabriela Rosenwald

• Mit den Schülern bzw. Lehrern sind im ganzen Heft selbstverständlich auch die Schülerinnen und Lehrerinnen gemeint!

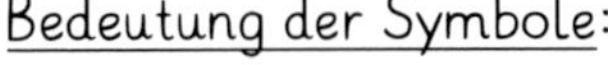

Bedeutung der Symbole:

Einzelarbeit

Partnerarbeit

Schreibe ins Heft / in deinen Ordner

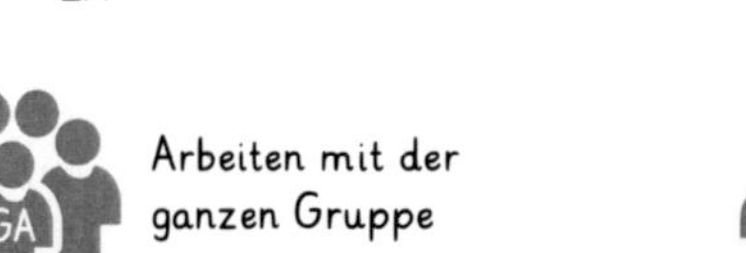

Arbeiten mit der ganzen Gruppe

Arbeiten in kleinen Gruppen

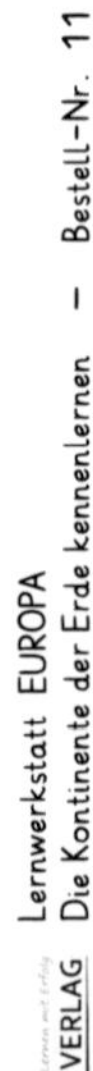

Arbeitspass

Name: ______________________________ Klasse: ______________

Seite	Titel	begonnen	erledigt

KOHL VERLAG Lernwerkstatt EUROPA
Die Kontinente der Erde kennenlernen – Bestell-Nr. 11 795

I. Europa und Eurasien

Europa – Überblick

Europa ist nach Australien der zweitkleinste Kontinent der Erde. Er bildet mit Asien die Landmasse Eurasien. Aufgrund seiner Geschichte und Kultur wird Europa jedoch als eigenständiger Kontinent betrachtet.

Zu unserer Welt zählen also 7 Kontinente: Asien, Europa, Afrika, Australien-Ozeanien, Nordamerika, Südamerika und die Antarktis.

Der Kontinent Europa ist von zahlreichen Inseln, Inselgruppen und Halbinseln stark zerklüftet. Die Landfläche ist durch Hochgebirge, viele Mittelgebirge, große Flüsse und Seen gegliedert.

Die Kultur entwickelte sich im Altertum in Griechenland und im Römischen Reich. Es bildeten sich viele Einzelstaaten, die zahlreiche Kriege gegeneinander führten. Seit dem 2. Weltkrieg im letzten Jahrhundert versuchen die Staaten, ein geeintes Europa zu erreichen. Die Europäische Union entstand.

Europas Grenze zu Asien

Manche Leute sehen Europa und Asien als einen Erdteil an. Sie nennen ihn Eurasien. Wir trennen Europa und Asien.

Die anderen Erdteile sind durch Meere oder schmale Landbrücken voneinander getrennt. Als Grenzlinie zwischen Europa und Asien nennt man das Uralgebirge, denn an der Ostseite Europas gibt es keine Trennung durch ein Meer oder eine Landenge. Es gibt zwei Länder, die zum Teil in Europa und zum Teil in Asien liegen: die Türkei und Russland.

EA

Aufgabe 1: *Zeichne die Grenze zwischen Asien und Europa ein.*

PA

Aufgabe 2: *Welche der folgenden Länder liegen in Europa, welche in Asien?*

China – Frankreich – Japan – Niederlande – Schweiz – Indien – Russland – Italien – Spanien

KOHL VERLAG Lernwerkstatt EUROPA Die Kontinente der Erde kennenlernen – Bestell-Nr. 11 795

I. Europa und Eurasien

Grenzen

Die Meere um Europa

Ein Land, was so viele Inseln, Halbinseln und Inselgruppen hat, ist von vielen Meeren umgeben.

EA

Aufgabe 3: *Setze die passenden Buchstaben ein! Nimm eine Karte oder einen Atlas zu Hilfe.*

Nordsee	A	Ostsee	B
Atlantischer Ozean	C	Mittelmeer	D
Schwarzes Meer	E	Europäisches Nordmeer	F

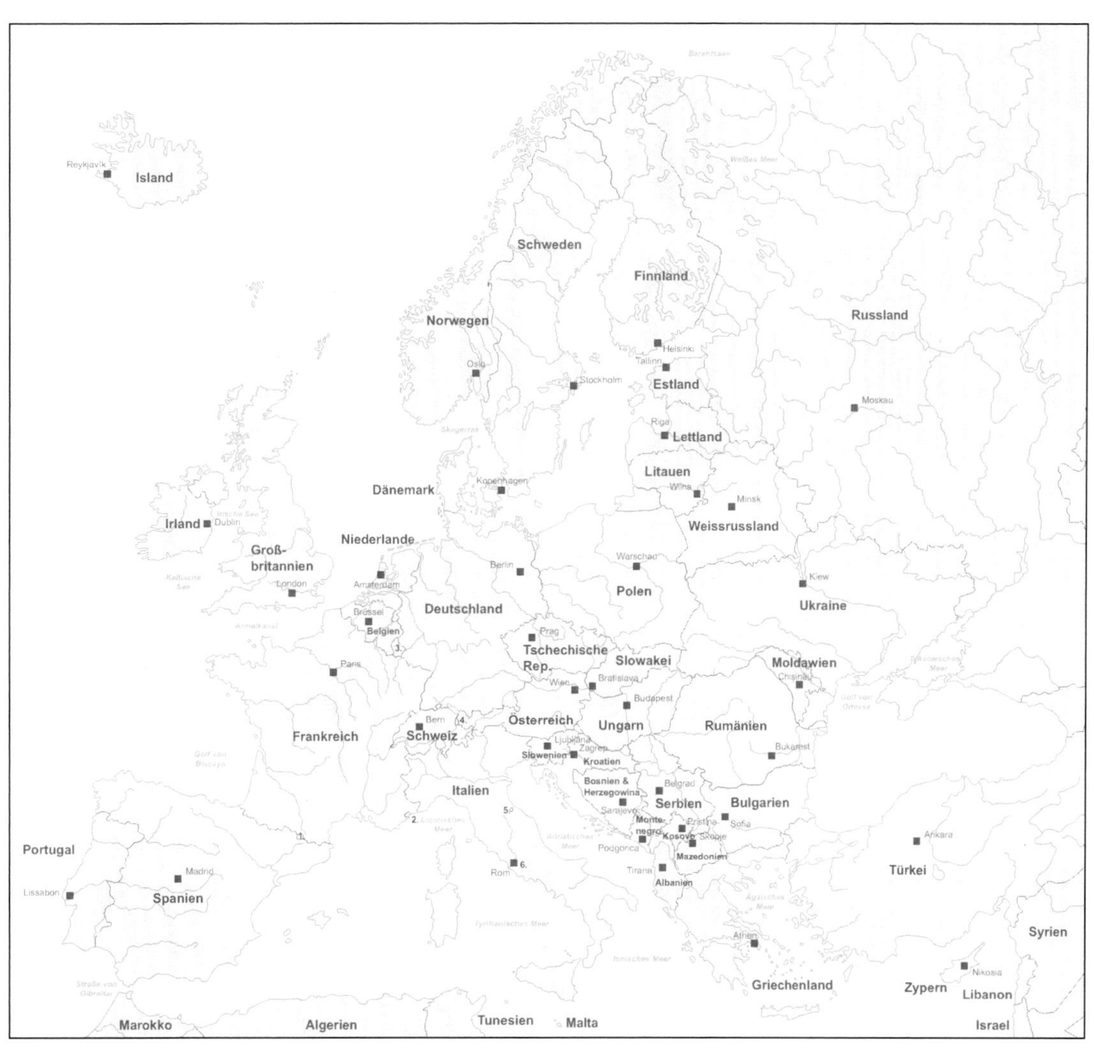

EA

Aufgabe 4: *Länder, die nicht an einem großen Meer liegen, nennen wir „Binnenstaaten". Finde mindestens 4 Länder in Europa, die Binnenstaaten sind. Schreibe in dein Heft/Ordner.*

Lernwerkstatt EUROPA
Die Kontinente der Erde kennenlernen – Bestell-Nr. 11 795
KOHL VERLAG

I. Europa und Eurasien

PA

Aufgabe 5: *Wenn ihr die Welt vor euch seht, wo liegen die 7 Kontinente?*

Schneidet die Erdteile unten aus und setzt sie richtig in den Kasten ein. Beschriftet dann die Kontinente und auch die drei großen Ozeane.

KOHL VERLAG Lernwerkstatt EUROPA
Die Kontinente der Erde kennenlernen – Bestell-Nr. 11 795

PA

Aufgabe 6: Hier seht ihr eine Karte von Europa, die fast 200 Jahr alt ist.

a) *Malt sie farbig aus.*

b) *Findet Länder und Meere, die heute noch den gleichen Namen haben.*

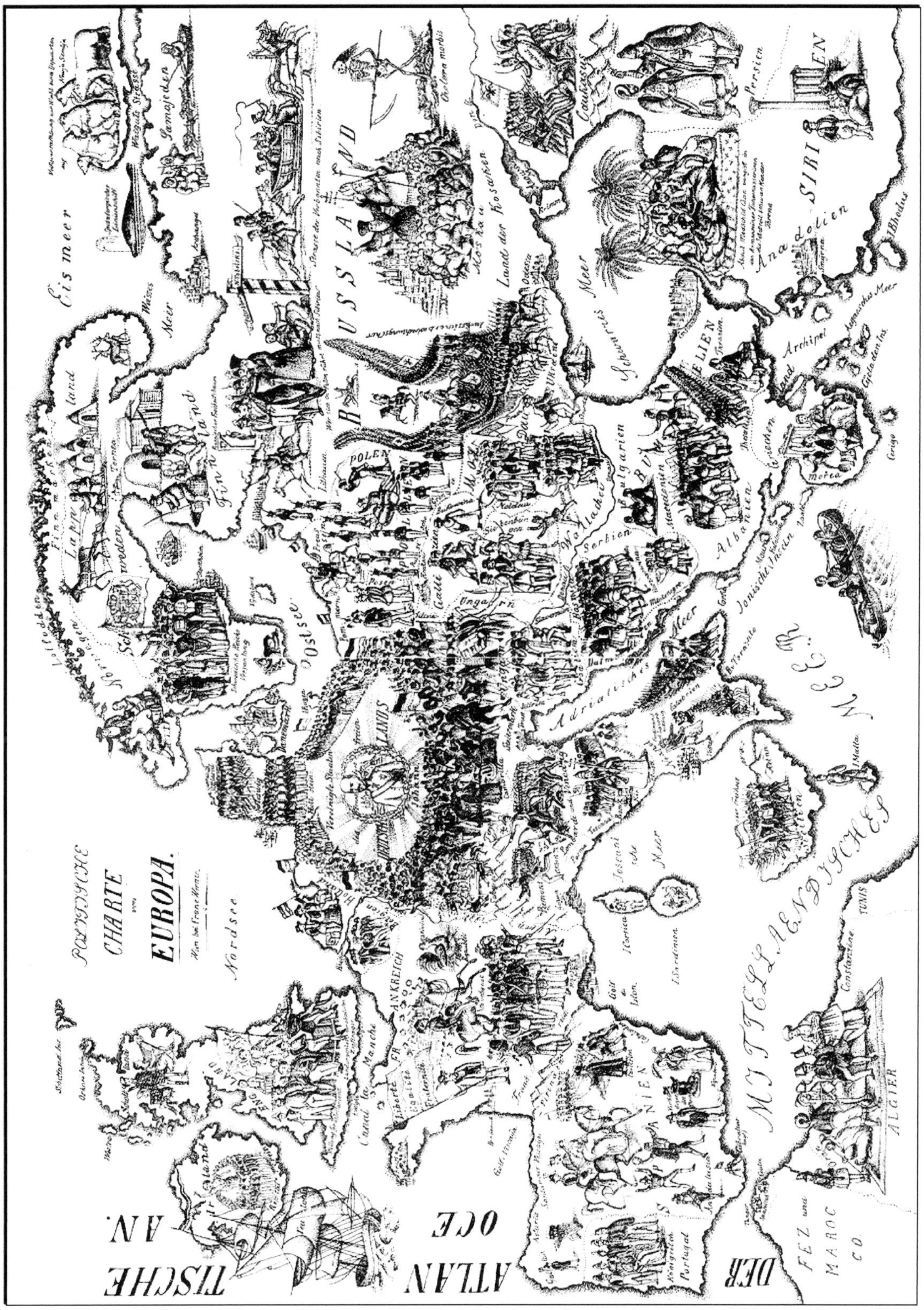

I. Europa und Eurasien

EA

Aufgabe 7: *Lotta hat die Landkarte ein wenig falsch zusammengesetzt. Schneide die Streifen aus. Klebe sie unten auf.*

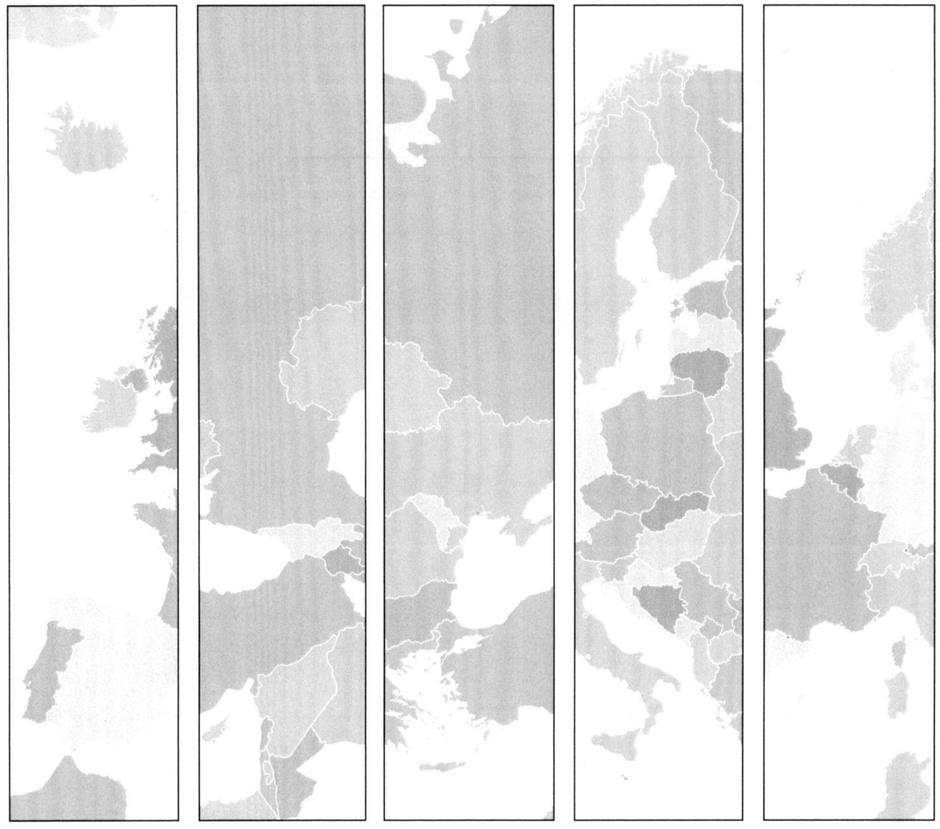

KOHL VERLAG Lernwerkstatt EUROPA Die Kontinente der Erde kennenlernen – Bestell-Nr. 11 795

II. Europas große Kulturen

Die Griechen

Schon vor über 4.000 Jahren entwickelten die Griechen eine Hochkultur. Sie lebten schon in Städten, hatten eine staatliche Ordnung, betrieben Ackerbau und Handel, hatten eine eigene Schrift und eigene Kunst. Ihre Wissenschaft, Kunst und Kultur beeinflussen bis heute unsere Gesellschaft.

Am Anfang hatten alle Stadtstaaten der Griechen noch Könige, es herrschte eine Monarchie Das ist die Herrschaft eines Einzelnen, z. B. eines Königs. Aber nach und nach setzte sich überall die Demokratie durch. Das Wort „Demokratie" bedeutet etwa „Herrschaft des Volkes".

Die Schrift der Griechen war die erste Schrift, in der es einzelne Buchstaben gab. Man hatte Buchstaben für Selbstlaute (Vokale, heute A, E, I, O, U) und auch für Mitlaute (Konsonanten wie B, G, S, T, W usw.). Man konnte die Schrift so gebrauchen wie unsere heutige Schrift. Andere Völker nahmen sich diese Schrift zum Vorbild, wie zum Beispiel die Römer. Sie veränderten die Buchstaben, aber das Prinzip blieb dasselbe – bis heute, denn wir benutzen noch immer die lateinische (römische) Schrift.

Α	α	Β	β	Γ	γ	Δ	δ	Ε	ε	Ζ	ζ
Η	η	Θ	θ	Ι	ι	Κ	κ	Λ	λ	Μ	μ
Ν	ν	Ξ	ξ	Ο	ο	Π	π	Ρ	ρ	Σ	σ
Τ	τ	Υ	υ	Φ	φ	Χ	χ	Ψ	ψ	Ω	ω

Die alten Griechen glaubten an viele Götter. So gab es z. B. den Göttervater Zeus, den Herrscher über Himmel und Erde, und Aphrodite, die Göttin der Schönheit und der Liebe. All diese Götter lebten der Sage nach auf dem Olymp, dem höchsten Berg Griechenlands. Zu ihren Ehren wurden viele Tempel gebaut und Feste veranstaltet.

Ein solches Fest waren auch die Olympischen Spiele: Schon 776 v. Chr. kämpften Ringer und Läufer zu Ehren des Gottes Zeus. Deshalb wird heute das Olympische Feuer in dem griechischen Ort Olympia entzündet und dorthin getragen, wo die nächsten Olympischen Spiele stattfinden.

Aufgabe 1:

a) *Wer war der Göttervater der Griechen?*

b) *Wo lebten die Götter der Sage nach?*

c) *Warum wird heute noch das olympische Feuer in Griechenland entzündet?*

d) *Was bedeutet Monarchie und Demokratie?*

Aufgabe 2: *Das Zeichen für Olympia sind heute 5 farbige Ringe. Male sie mit den richtigen Farben an.*

II. Europas große Kulturen

Die Römer

Vor über 2.000 Jahren war die Stadt Rom der prachtvolle Mittelpunkt des riesigen Römischen Reiches. Es gab dort bereits viele Dinge, die für uns heute selbstverständlich sind, für damalige Verhältnisse aber sehr fortschrittlich waren: z.B. Brücken, Straßen, Wasserleitungen und Kanäle. Bildung war für die Römer wichtig, deshalb wurde Lesen, Schreiben und Mathematik gelehrt.

In Italien lebte der Wissenschaftler Galilei, der entdeckte, dass sich die Erde um die Sonne dreht. Der Künstler Leonardo da Vinci malte die berühmte Mona Lisa, Michelangelo gestaltete die Sixtinische Kapelle in Rom.

Römische Zahlen

Wenn wir auch heute noch die lateinische (römische) Schrift benutzen, so hatten die Römer doch andere Zeichen für die Zahlen. Doch auch die römischen Zahlen finden wir heute noch, z.B. in einigen Büchern, auf Uhren oder Listen. Sie werden mit großen Buchstaben dargestellt. Ein Zeichen für Null gibt es nicht. So bedeutet

I (1), V (5), X (10), L (50), C (100), D (500) und M (1000).

Wenn du eine Zahl mit römischen Zeichen schreiben willst, beginnst du mit der größten römischen Ziffer. Zieh deren Wert so häufig wie möglich von der umzurechnenden Zahl und notiere sie dabei. Dadurch werden die Ziffern automatisch der Größe nach sortiert:

1 × 1000 + 1 × 500 + 4 × 100 + 1 × 50 + 3 × 10 + 3 × 1 = 1983 → M + D + CCCC + L + XXX + III = MDCCCCLXXXIII

EA

Aufgabe 3: *Schreibe dein Geburtsjahr mit römischen Ziffern:* ____________________

PA

Aufgabe 4: Die Römer am Rhein

Auch Teile Deutschlands gehörten zum Römischen Reich. Am Rhein entlang finden sich noch heute einige Städte, die von ihnen gegründet wurden. *Nehmt einen Atlas oder eine Karte und beschriftet die Städte richtig.*

Koblenz – Köln – Mainz – Xanten – Worms – Bonn – Neuss

II. Europas große Kulturen

Römische und griechische Götter

Die Namen für die Gottheiten sind unterschiedlich, obwohl es um den gleichen Gott geht. Beispielsweise wird die Göttin der Liebe bei den Römern „Venus" und bei den Griechen „Aphrodite" genannt. So wird der höchste aller römischen Götter „Jupiter" in Griechenland zu „Zeus".

Name der griechischen Götter	Name der römischen Götter	Beschreibung
Zeus	Jupiter	König der Götter
Demeter	Ceres	Göttin der Landwirtschaft
Eros	Amor	Gott der Liebe
Artemis	Diana	Göttin der Jagd
Athene	Minerva	Göttin der Weisheit
Tyche	Fortuna	Göttin des Glückes
Ares	Mars	Gott des Krieges
Hermes	Merkur	Bote der Götter
Poseidon	Neptun	Gott des Meeres
Aphrodite	Venus	Göttin der Liebe und Schönheit
Nike	Victoria	Göttin des Sieges

EA

Aufgabe 5: *Hier stehen verschiedene Götter. Male sie farbig aus und notiere den römischen und den griechischen Namen dazu.*

KOHL VERLAG Lernwerkstatt EUROPA Die Kontinente der Erde kennenlernen – Bestell-Nr. 11 795

II. Europas große Kulturen

Die Germanen – unsere Vorfahren?

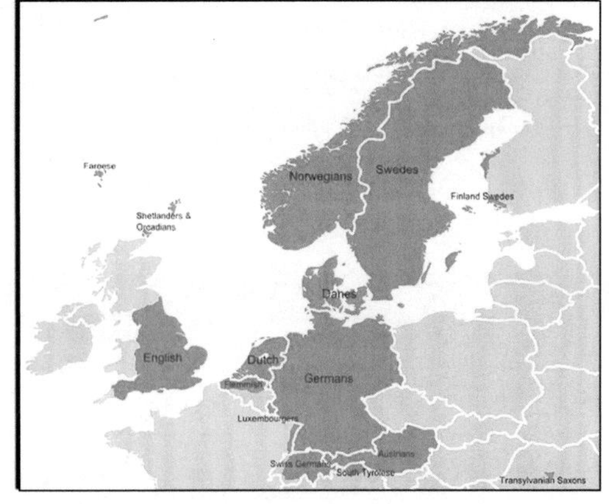

Die Germanen kamen wahrscheinlich vor etwa 3500 Jahren aus dem Osten. Die Römer beschrieben sie als große Menschen mit blonden Haaren und blauen Augen. Sie lebten von Ackerbau und Viehzucht: Sie pflanzten Gerste, Weizen, Hafer, Hirse und Flachs an. Sie hielten Pferde, Rinder, Schweine, Schafe, Ziegen, Gänse und Hühner.

Germanen waren nicht nur in weiten Teilen des heutigen Deutschlands heimisch, sondern lebten auch in Mittel- und Nordeuropa an Nord- und Ostsee. Sie waren kein einheitliches Volk, sondern bestanden aus vielen verschiedenen Stämmen.

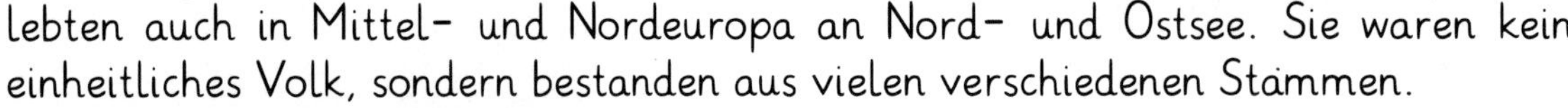

Die Germanen verehrten viele Götter. Der wichtigste war Odin oder Wotan. Thor oder Donar war der Gott des Donners, der Bauern und des Landes. Er schützte Menschen und andere Götter. Von ihm hat der Donnerstag seinen Namen. Der Dienstag wurde nach dem Kriegsgott Ziu genannt. Und Freitag kommt von Freyja, der Göttin der Fruchtbarkeit und Liebe. Zur Verehrung ihrer Götter versammelten sich die Germanen an heiligen Orten. Diese lagen bei besonderen Quellen, Felsen oder Bäumen – meist Eichen.

EA

Aufgabe 6: *Erkläre, welchen Wochentagen die Götter Donar, Ziu und Freya ihren Namen gaben und für welche Dinge sie zuständig waren.*

EA

Aufgabe 7: *Die Germanen versammelten sich an heiligen, geheimnisvollen Orten wie Quellen, besonderen Steinen und Felsen oder unter riesigen Bäumen. Zeiche ein Bild von einem dieser magischen Orte.*

EA

Aufgabe 8: Lotta erzählt: Die Germanen hielten Haustiere wie Rinder, Schweine, Affen, Pferde, Löwen, Schafe, Ziegen und Kamele. Sie pflanzten auch Gerste, Weizen, Kaffee, Hafer und Zitronen an.

Markiere grün, was richtig ist, und rot, wo Lotta mal wieder unrecht hat!

KOHL VERLAG Lernwerkstatt EUROPA Die Kontinente der Erde kennenlernen – Bestell-Nr. 11 795

III. Geografie Europas

Europas Städte

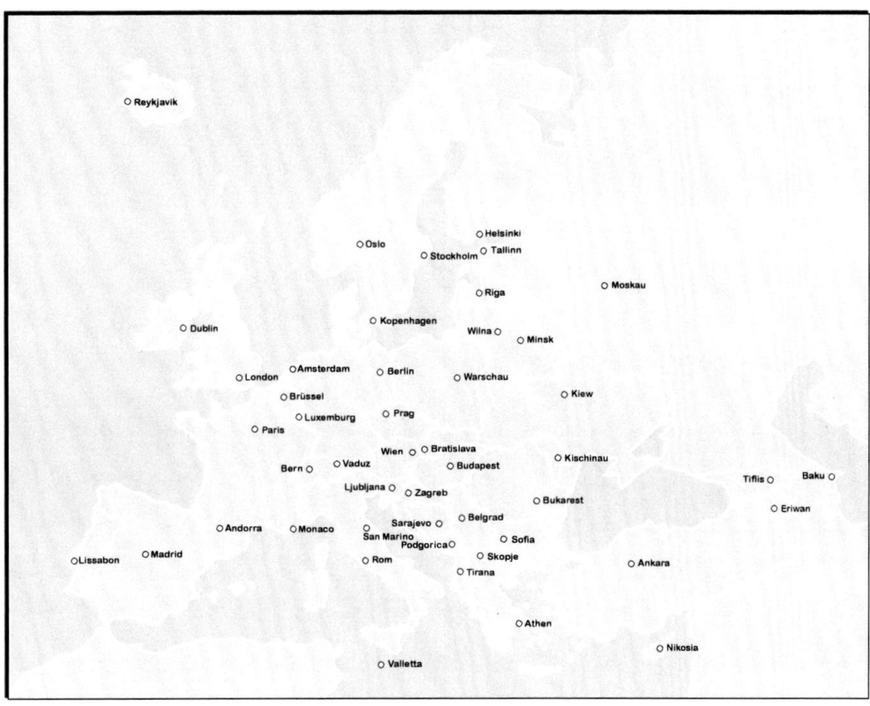

EA

Aufgabe 1:

a) *Nenne zu den folgenden Städten die Länder, in denen sie liegen:*

Paris – Rom – London – Berlin – Moskau – Kopenhagen – Brüssel – Athen

b) Das findest du in den Städten: Leider sind die Wörter nicht ganz richtig geschrieben.
In Kopenhagen sitzt die Fraumeerjung auf einem Felsen. In Berlin steht das Burgertor Branden. Das Mionato ist das Wahrzeichen von Brüssel. In London steht die Bridge Tower. Die Polisakro ist eine Ruine in Athen. Moskaus Basilius Dralekath ist weltbekannt. In Paris kennt jeder den Turmeifffel. In Rom kann man die Reste vom Seumkolos bestaunen. Schreibe den Text richtig in dein Heft.

c) *Schneide die Bilder aus. Klebe sie auf ein Blatt. Beschrifte sie mit den richtigen Begriffen aus Aufgabe b.*

III. Geografie Europas

Die wichtigsten Flüsse Europas

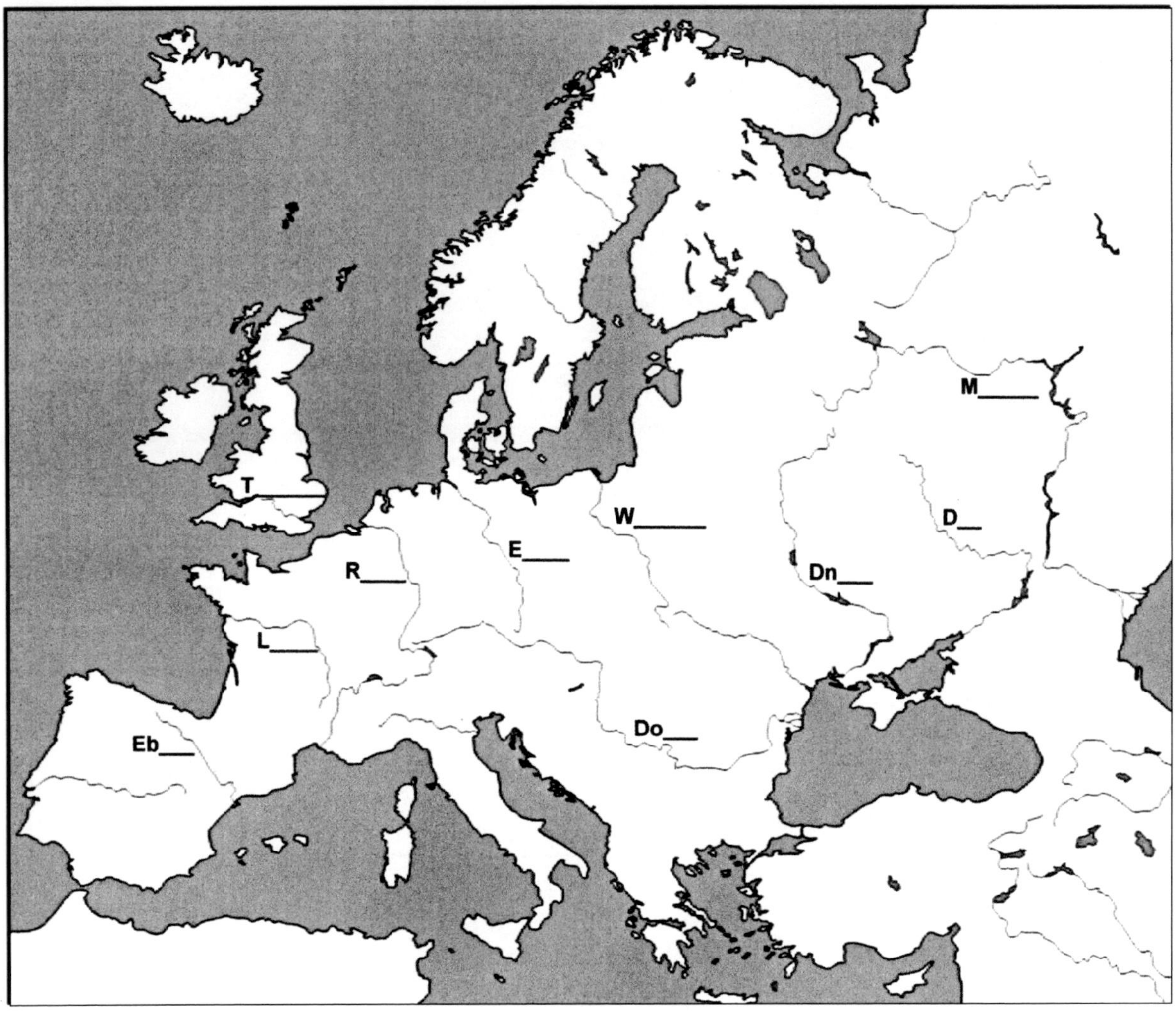

T____
R____
E____
W____
M____
D__
Dn____
L____
Do____
Eb____

Aufgabe 2: *Setzt die Namen der Flüsse richtig in die Karte ein:*

Donau – Elbe – Themse – Ebro – Moldau – Rhein – Don – Loire – Dnjepr – Weichsel

Aufgabe 3: Schiffe waren das erste, womit die Menschen viele große Sachen, wie z. B. Baumstämme oder Vieh, transportieren konnten. Eisenbahn, Autos und Flugzeuge wurden erst viel später erfunden.

Erklärt, warum viele Städte an den Flüssen und Küsten entstanden.

____

____

____

KOHL VERLAG Lernwerkstatt EUROPA Die Kontinente der Erde kennenlernen – Bestell-Nr. 11 795

III. Geografie Europas

Die Wolga – längster Fluss Europas

Die Wolga ist der längste Fluss Europas. Sie entspringt in der Nähe von Moskau und mündet nach über 3500 km im Kaspischen Meer, dem größten See der Erde. Die Wolga ist der wichtigste Transportweg Russlands. Sie ist durch Kanäle mit der Ostsee, dem Weißen Meer, dem Schwarzen Meer und Moskau verbunden.

Die Donau – Verbindung zwischen West und Ost (2845 km)

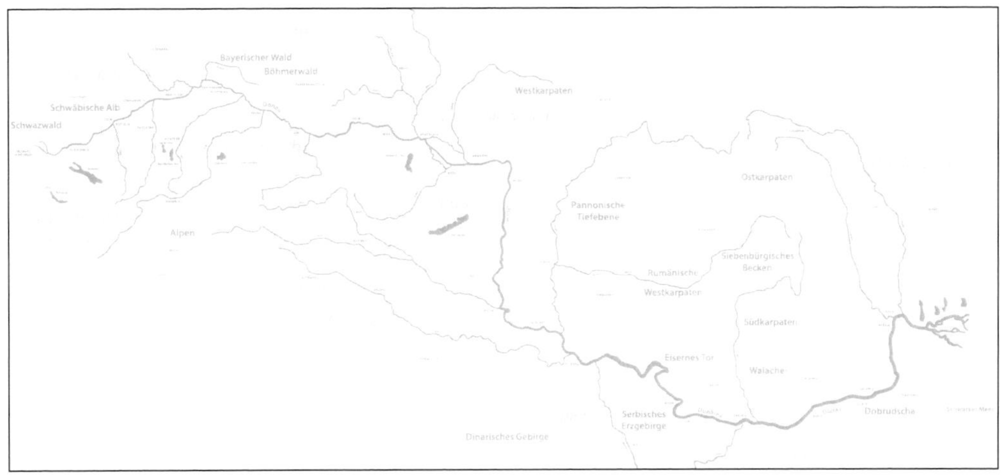

Die Donau beginnt in Donaueschingen und mündet ins Schwarze Meer. Mit Wien, Bratislawa, Budapest und Belgrad durchfließt die Donau gleich vier europäische Hauptstädte.

EA

Aufgabe 4: 1. Der Strom durchfließt insgesamt 10 Länder.
Finde sie im Wortsuchspiel.

E	S	L	O	W	A	K	E	I	S	A	B
K	G	A	R	D	I	R	E	N	I	K	U
R	Ö	S	T	E	R	R	E	I	C	H	L
O	F	E	G	U	T	U	B	E	R	A	G
A	E	R	R	T	O	M	G	K	E	R	A
T	R	B	A	S	M	Ä	A	U	V	U	R
I	B	I	S	C	M	N	L	K	E	K	I
E	Y	E	T	H	E	I	A	R	S	I	E
N	O	N	P	L	S	E	N	A	P	O	N
S	U	N	G	A	R	N	N	I	Ö	A	A
E	L	L	I	N	U	K	U	N	L	S	S
R	M	O	L	D	A	W	I	E	N	R	A

KOHL VERLAG Lernwerkstatt EUROPA Die Kontinente der Erde kennenlernen – Bestell-Nr. 11 795

III. Geografie Europas

Der Rhein (1233 km)

Der Rhein entspringt in den Schweizer Alpen. Er fließt insgesamt durch sechs Länder: die Schweiz, Liechtenstein, Österreich, Deutschland, Frankreich und die Niederlande.

Der Rhein mündet in die Nordsee.

Die größten Nebenflüsse sind die Maas, die Aare, die Mosel, der Neckar, der Main, die Lahn, die Lippe und die Ruhr. Der Rhein ist eine der meist genutzten Wasserstraßen der Welt.

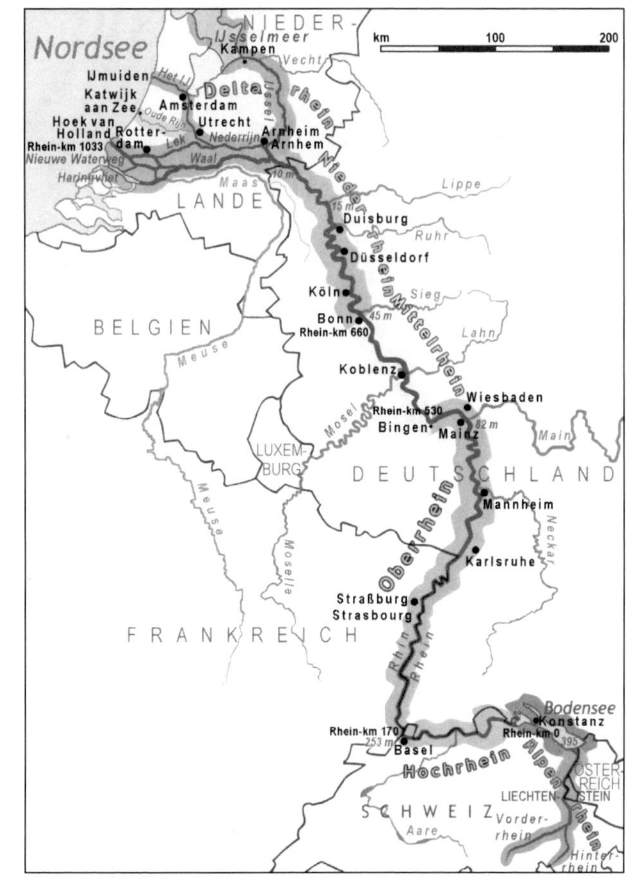

EA

Aufgabe 5: *Welche Nebenflüsse des Rheins kannst du auf der Karte entdecken? Zeichne sie blau ein.*

EA

Aufgabe 6:  *Welche großen Städte liegen am Rhein? Schreibe sie in dein Heft/in deinen Ordner.*

Die Elbe (1094 km)

Die Elbe entspringt im Riesengebirge in Tschechien. Sie fließt durch den Osten und Norden Deutschlands und mündet bei Cuxhafen in die Nordsee.

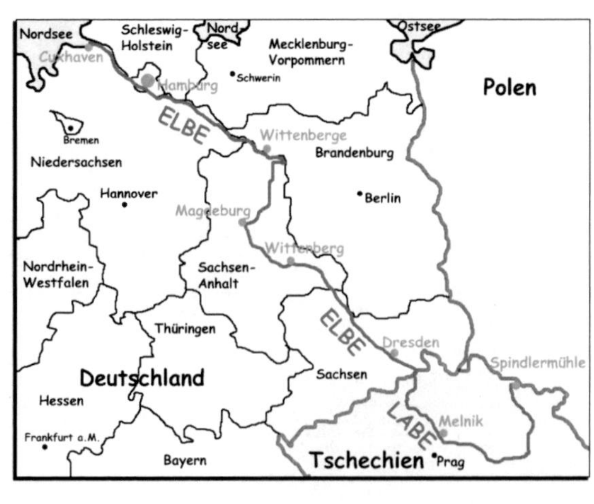

EA

Aufgabe 7:  Auch an der Elbe liegen einige große Städte. *Schreibe sie in dein Heft/in deinen Ordner.*

KOHL VERLAG Lernwerkstatt EUROPA
Die Kontinente der Erde kennenlernen – Bestell-Nr. 11 795

III. Geografie Europas

Gebirge in Europa

- Das einzige „Hochgebirge" in Europa sind die Alpen. Österreich und die Schweiz bezeichnet man als Alpenländer. Frankreich, Italien, Slowenien, Liechtenstein und Deutschland haben ebenfalls Anteil an den Alpen. Der höchste Berg ist der Mont Blanc mit 4810 m.
- Zwischen Frankreich und Spanien liegen die Pyrenäen. Dort findet man den kleinen Staat Andorra.
- Als Grenzgebirge zwischen Asien und Europa gilt der Ural.
- Im Osten Europas liegt der Kaukasus. Er liegt zwischen dem Schwarzen Meer und dem Kaspischen Meer und wird manchmal schon zu Asien gezählt. Der höchste Berg ist der Elbrus mit 5642 m.

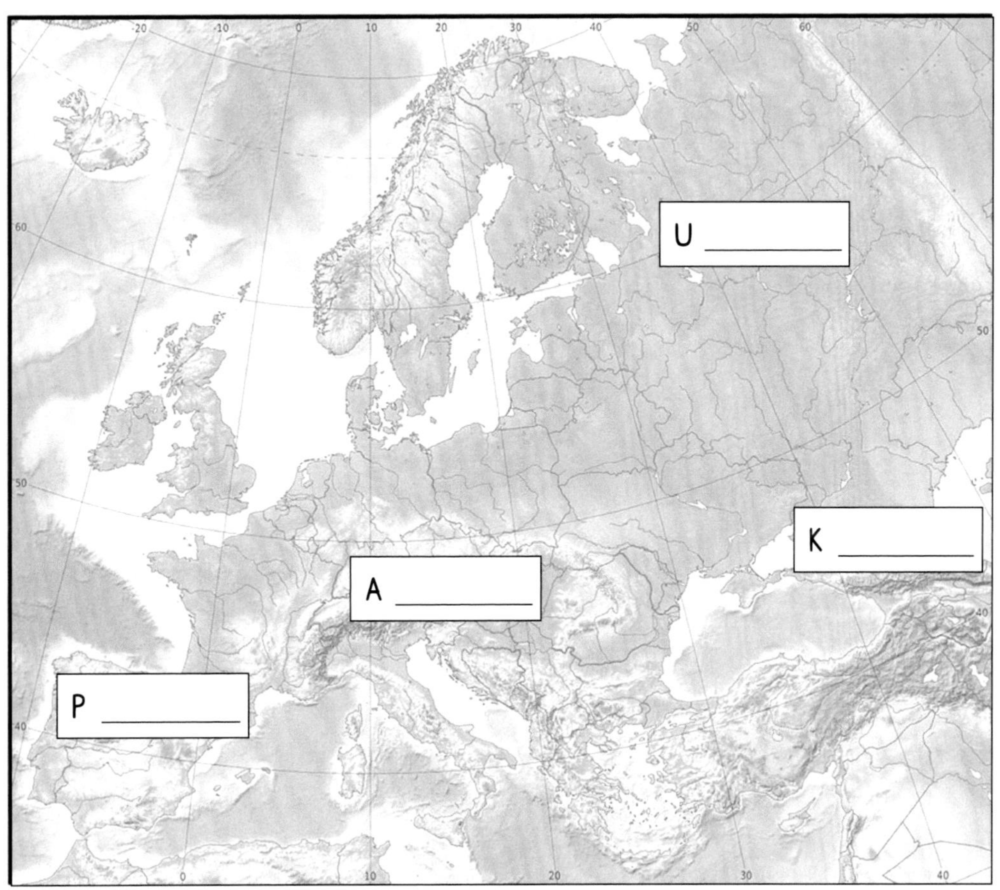

Aufgabe 8: Findet heraus ...

Der höchste Berg im Kaukasus ist der ____________________ mit ______________ m.

Der höchste Berg in den Alpen ist der ____________________ mit ______________ m.

KOHL VERLAG Lernwerkstatt EUROPA Die Kontinente der Erde kennenlernen – Bestell-Nr. 11 795

IV. Die Europäische Union

Europa und die Europäische Union

Europa und die Europäische Union (abgekürzt EU) sind nicht das Gleiche.

Die Europäische Union hat heute 28 Mitglieder. In Europa gibt es aber insgesamt fast 50 Länder. So wollten etwa Norwegen, Island, die Schweiz oder kleine Staaten wie Andorra, Liechtenstein, Monaco, San Marino und der Vatikanstaat der EU bisher nicht beitreten. Manche Länder in Osteuropa sind noch nicht gut genug vorbereitet für die EU. Sie müssen noch einiges in ihrer Politik und Wirtschaft verändern, um einen Beitritt zu erreichen.

Die 28 Länder haben gemeinsame Ziele:

1. Sie wollen erreichen, dass es allen wirtschaftlich gut geht und die Menschen zufrieden leben können.
2. Sie kümmern sich um den Frieden in Europa und in der Welt. Bei Problemen setzen sie sich zusammen und versuchen, eine vernünftige Lösung zu finden.
3. Sie haben sich vorgenommen, dass alle Menschen in der EU die gleichen Rechte, Chancen und Freiheiten haben sollen.

EA

Aufgabe 1: *Beschreibe mit deinen Worten: Was will die Europäische Union erreichen?*

EA

Aufgabe 2: *Verbinde die verschiedenen Symbole mit den passenden Bezeichnungen.*

Die Flagge	Die Hymne	Der Euro	Der Europatag	Das Motto „In Vielfalt geeint"

So arbeitet die EU:

Damit die Zusammenarbeit funktioniert, gibt es viele einzelne Arbeitsgruppen in der EU. Z.B. das Europäische Parlament in Straßburg, den Europäischen Gerichtshof in Luxemburg und die Europäische Zentralbank in Frankfurt. Der Rat der Europäischen Union und der Europäische Rat (das ist nicht dasselbe!) haben ihren Sitz in Brüssel. Der Europäische Gerichtshof und der Europäische Rechnungshof haben ihren Sitz in Luxemburg.

EA

Aufgabe 3: *In welchen Ländern arbeiten die verschiedenen Gruppen der Europäischen Union? Liste im Heft/Ordner auf.*

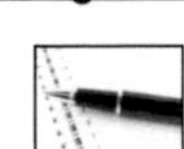

Lernwerkstatt EUROPA
Die Kontinente der Erde kennenlernen – Bestell-Nr. 11 795
KOHL VERLAG

V. Deutschland und die Nachbarländer

Nachbarländer

EA

Aufgabe 1: *Wie heißen unsere Nachbarländer? Beginne im Norden und fahre im Uhrzeigersinn fort. Setze die Zahlen in die Karte ein.*

	Land	Hauptstadt		Land	Hauptstadt
1	Deutschland		6		
2	Däne.		7		
3			8		
4			9		
5			10		

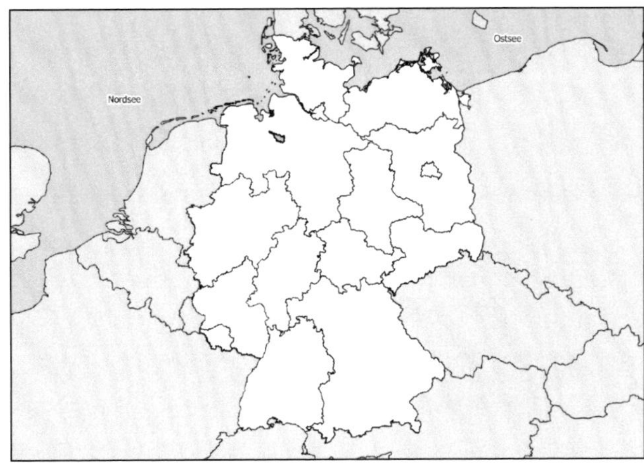

Die deutsche Flagge:

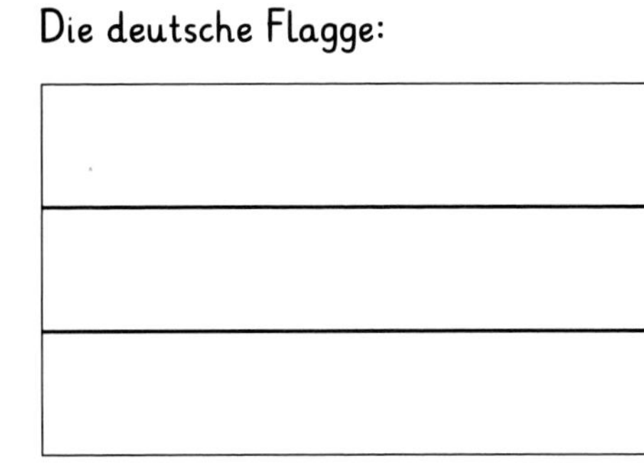

PA

Aufgabe 2: *Malt die Flaggen unserer Nachbarn farbig an.*

Frankreich	Schweiz	Belgien
Dänemark	Luxemburg	Niederlande
Polen	Tschechien	Österreich

KOHL VERLAG
Lernwerkstatt EUROPA
Die Kontinente der Erde kennenlernen – Bestell-Nr. 11 795

V. Deutschland und die Nachbarländer

Deutschland

Von der Nord- und Ostseeküste bis zu den Alpen erstreckt sich Deutschland. So findet man Strände, flache Ebenen, Mitttelgebirge und hohe Berge im Land.

Deutschland hat vier Städte mit über 1 Million Einwohner. Sie sind über das Land verteilt: Die Hauptstadt Berlin liegt im Osten, die Hafenstadt Hamburg im Norden, die alte Römerstadt Köln im Westen und die Stadt München im Süden.

Binnenhäfen liegen mitten im Land an großen Flüssen. Die Duisburg-Ruhrorter Häfen befinden sich an der Mündung der Ruhr in den Rhein. Alle Duisburger Hafenanlagen zusammen bilden den größten Binnenhafen der Welt.

EA

Aufgabe 3: *Deutschland hat 16 Bundesländer. Mache eine Reise und besuche alle Bundeshauptstädte. Sie sind in der Karte mit schwarzen Punkten markiert. Deine Reisewege dürfen sich dabei nicht kreuzen. Starte und beende deine Reise in Berlin. Am besten arbeitest du mit einem Lineal und einem Filzstift.*

PA

Aufgabe 4: *Zu jeder der deutschen Millionenstädte findet ihr hier Angaben. Ordnet sie den Bildern unten zu.*

In **Berlin** steht das Reichstaggebäude, der Sitz der deutschen Regierung.

München ist bekannt für das Oktoberfest, das größte Volksfest der Welt.

Hamburg besitzt den größten Seehafen Deutschlands.

Köln ist weltbekannt durch seinen Dom und den Karneval.

KOHL VERLAG
Lernwerkstatt EUROPA
Die Kontinente der Erde kennenlernen – Bestell-Nr. 11 795

Der Nachbar im Norden: Dänemark

Das Königreich Dänemark besteht aus drei Teilen: Dänemark, Färöer Inseln und Grönland. Über 400 Inseln gehören zu Dänemark, das von der Ostsee und der Nordsee umgeben ist. Kopenhagen liegt auf der Insel Seeland und ist die Hauptstadt des Landes. Esbjerg ist der wichtigste Nordseehafen des Landes.

Das Meer ist sehr wichtig für die Dänen. Es gibt über 500 Häfen, von denen Passagier- und Containerschiffe in viele Länder der Erde fahren. Auch für den Tourismus und den Fischfang sind Nord- und Ostsee bedeutend.

Große Teile des Landes werden landwirtschaftlich genutzt. Man baut Gemüse und Getreide an und betreibt intensiv Viehzucht, vorwiegend Schweinezucht. Die Dänen erzeugen mehr Nahrungsmittel, als sie verbrauchen. Haupthandelspartner ist die Europäische Union.

Da Dänemark vom Meer umgeben ist, ist es meistens windig. Den stetigen Wind nutzen die Dänen zur Stromerzeugung. Sie haben viele Windkraftanlagen aufgestellt, wie auch wir in Deutschland.

Dänemark ist die Heimat von Hans Christian Andersen. Er hat viele Märchen wie „Die kleine Meerjungfrau" und „Däumelinchen" geschrieben. Die Bronzestatue der kleinen Meerjungfrau steht in Kopenhagen. Aus Billund kommen die Lego-Steine. Ein dänischer Zimmermann erfand sie vor fast 100 Jahren. In Billund wurde aus 35 Millionen Legosteinen eine kleine Welt gebaut. In Kopenhagen gibt es den berühmten Vergnügungspark Tivoli.

Aufgabe 5: Der Fischfang ist für Dänemark wichtig. Man fängt hauptsächlich Sandaale, Sprotten, Heringe, Makrelen und Dorsche. Lest die Sätze und ordnet die richtigen Namen zu:

- Der Dorsch hat drei Flossen auf dem Rücken.
- Die Sprotte ist der kleinste dieser Fische.
- Die Makrele hat ein Muster auf dem Rücken.
- Der Hering schwimmt nach rechts.
- Der Sandaal sieht fast aus wie eine Schlange.

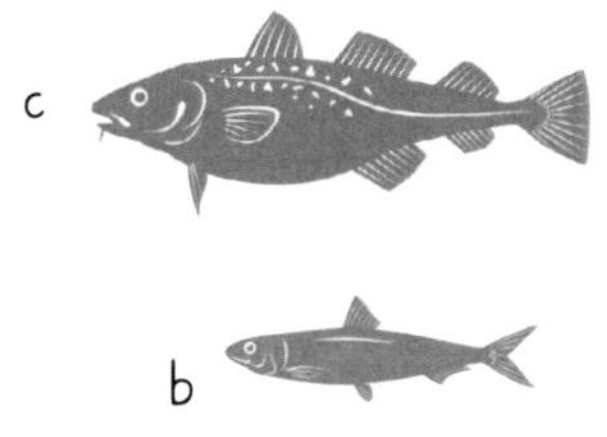

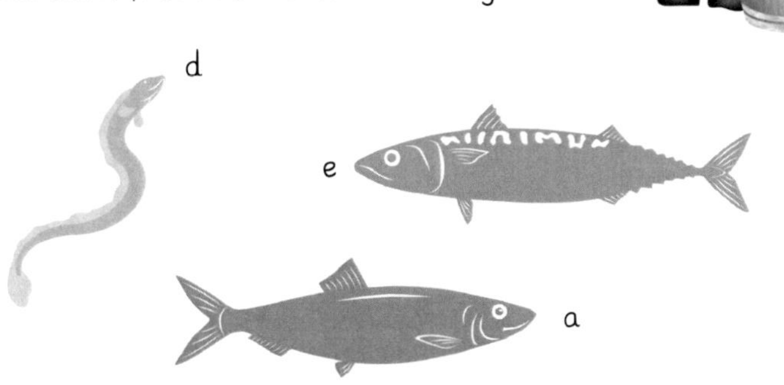

KOHL VERLAG Lernwerkstatt EUROPA Die Kontinente der Erde kennenlernen – Bestell-Nr. 11 795

V. Deutschland und die Nachbarländer

EA

Aufgabe 6: *Setze richtig in das Rätsel ein.*

1. Dänemark ist ein ...
2. Die Hauptstadt heißt ...
3. Dänemark liegt zwischen der N ...
4. und der O ...
5. In Dänemark lebte der Märchendichter Hans Christian ...
6. Die Legosteine stammen aus Dänemark, genau aus ...
7. Kopenhagen liegt auf der Insel ...
8. Die Dänen nutzen den Wind zum Herstellen von ...
9. In Dänemark gibt es über 500 ...
10. Der wichtigste Nordseehafen des Landes heißt ...

Du findest ein Lösungswort, wenn du die Buchstaben in den grauen Kästchen ordnest.

Die Buchstaben: | | | | | | | | |

Das Lösungswort: | | | | | | | | |

KOHL VERLAG Lernwerkstatt EUROPA Die Kontinente der Erde kennenlernen – Bestell-Nr. 11 795

V. Deutschland und die Nachbarländer

Das Märchen von der kleinen Meerjungfrau

(nach Hans Christian Andersen, gekürzt)

Die kleine Meerjungfrau ist die jüngste und hübscheste der sechs Töchter des Meerkönigs. Sie hat, wie alle Meermenschen, keine Füße, sondern einen Fischschwanz.

Ihre Großmutter erzählt ihr von der Erde, von den duftenden Blumen und Vögeln, die wundervoll singen. Die kleine Meerjungfrau möchte das alles gerne kennen lernen. Mit fünfzehn Jahren dürfen die Töchter nachts hinauf und am Strand liegen. Die älteren Schwestern erzählen ihr Wunderdinge von der beleuchteten Stadt, den Vögeln und dem Sonnenuntergang.

Als sie endlich selbst 15 Jahre wird, steigt sie empor und beobachtet die Seeleute auf einem Schiff. Am besten gefällt ihr der Prinz mit den dunklen Augen, der gerade seinen sechzehnten Geburtstag feiert.

Doch ein starker Sturm zieht auf und das Schiff sinkt. Die kleine Meerjungfrau erinnert sich, dass Menschen nur tot auf den Meeresgrund gelangen können. Sie rettet den Prinzen und bringt ihn an den Strand.

Sie sieht, wie ein Mädchen ihn findet, und ist traurig, dass die beiden sich anlächeln. Aber der Prinz weiß schließlich nicht, wer ihn gerettet hat. Die Meerjungfrau findet heraus, wo sein Schloss steht, und besucht die Gegend immer wieder.

Sie erfährt, dass die Meermenschen im Gegensatz zu den normalen Menschen keine Seele besitzen, die nach ihrem Tod in den Himmel aufsteigt. Nur wer von einem Menschen geliebt wird, kann eine Seele erhalten.

So begibt sich die kleine Meerjungfrau zur Meerhexe, vor der sie bis jetzt immer Angst hatte. Sie lässt sich einen Zaubertrank brauen, der ihr Beine wachsen lässt statt ihres Fischschwanzes. Die Verwandlung ist jedoch endgültig – sie wird nie wieder zu ihrem Vater und ihren Schwestern zurückkehren können. Falls sich der Prinz nicht in sie verliebt, bekommt sie keine unsterbliche Seele und wird zu Schaum auf dem Meere werden. Außerdem muss sie ihre Stimme hergeben. Stumm trifft sie dann den Prinzen und wird von ihm in sein Schloss geführt.

Sie bleibt bei ihm. Aber der Prinz liebt nur das unbekannte Mädchen, das er am Strand sah und für seine Retterin hält. Später stellt sich heraus, dass dieses Mädchen die Prinzessin des Nachbarkönigreichs ist. Der Prinz heiratet sie.

Da der erste Sonnenstrahl nach seiner Hochzeitsnacht der kleinen Meerjungfrau den Tod bringen soll, geben ihre Schwestern ihr den Rat, den Prinzen zu töten: Das würde sie wieder in ein Meerwesen verwandeln und retten. Sie bringt es aber nicht fertig, springt ins Wasser und löst sich in Schaum auf. Dabei stirbt sie aber nicht, sondern verwandelt sich in einen Luftgeist. So kann sie durch gute Taten eine unsterbliche Seele erlangen.

Aufgabe 7:

- *Überlegt euch ein anderes Ende für die Geschichte. Was wäre geschehen, wenn der Prinz gewusst hätte, dass die kleine Meerjungfrau ihn gerettet hat? Oder die kleine Meerjungfrau nicht stumm geworden wäre?*
- *Wie könnt die Geschichte weiter gehen? Wie ist ein Leben als Luftgeist?*

KOHL VERLAG Lernwerkstatt EUROPA Die Kontinente der Erde kennenlernen – Bestell-Nr. 11 795

V. Deutschland und die Nachbarländer

Die Nachbarn im Westen □ Belgien

Brügge

Seit 1948 bilden Belgien, Luxemburg und die Niederlande die **Be-Ne-Lux**-Staaten. Sie sind Gründungsmitglieder der Europäischen Union (abgekürzt EU). In Brüssel hat die Europäische Union ihren Hauptsitz. Man versucht in der EU, Handel und Politik gemeinsam zu gestalten. Das Atomium ist das Wahrzeichen Brüssels.

Schöne alte Städte sind Brügge, Gent und Antwerpen. Antwerpen hat einen der größten Seehäfen der Welt. Damit spielt Belgien eine wichtige Rolle im Handel zwischen West- und Mitteleuropa. Die Nordsee-Küste ist ein beliebtes Reiseziel, genau wie die Ardennen, eine große, bergige Waldlandschaft im Süden des Landes.

Die Schlümpfe sowie Tim und Struppi wurden in Belgien erfunden. Und – in Belgien gibt es die besten Pommes frites und die besten Waffeln!

Geschichte zur Entstehung der Pommes frites (ob sie wahr ist?)

Ende des 18. Jahrhunderts schrieb ein Belgier: Die armen Leute fischten im See. Ihren Fang backten sie in Fett aus. Wenn der See im Winter lange zugefroren war, schnitten die Frauen Kartoffeln in Fischformen und frittierten sie. So entstanden die Pommes frites.

Luxemburg

Luxemburg ist der zweitkleinste Staat der EU. Der Europäische Gerichtshof und der Europäische Rechnungshof sind in Luxemburg zu finden. Luxemburg ist ein sehr reiches Land. Viele ausländische Banken und andere Unternehmen haben ihre Büros in Luxemburg. Aber auch die Stahl- und Eisenindustrie hat zum Wohlstand beigetragen. Luxemburg liegt zum Teil in den Ardennen.

EA

Aufgabe 8: *Lotta erzählt von Belgien und Luxemburg. Stimmt das alles?*

		richtig	falsch
1	Belgien, Luxemburg und die Niederlande gehören zur EU.		
2	In Brüssel steht das Atomium.		
3	Köln, Paris und Gent sind schöne, alte Städte in Belgien.		
4	Die Schlümpfe wurden in Luxemburg erfunden.		
5	Belgien hat wunderschöne Strände an der Ostsee.		
6	Antwerpen besitzt einen der größten Seehäfen der Welt.		
7	Die Ardennen sind eine Landschaft in Polen und Belgien.		
8	Luxemburg ist ein reiches Land.		
9	Brügge, Antwerpen und Gent sind belgische Städte.		

Lernwerkstatt EUROPA
Die Kontinente der Erde kennenlernen – Bestell-Nr. 11 795
KOHL VERLAG

Niederlande

Meistens nennen wir die Niederlande einfach Holland, aber Holland ist nur ein Teil dieses Staates. Der Name sagt schon, dass das Land sehr tief und flach liegt. Es liegt zu einem Viertel unter dem Meeresspiegel. Deshalb haben die Einwohner fast 1000 Deiche errichtet, um das Land vor dem Wasser zu schützen.

Die größten Städte sind Amsterdam, Rotterdam und Den Haag mit dem Internationalen Gerichtshof.

In Rotterdam an der Nordsee befindet sich einer der größten Häfen der Welt. Er ist über 20 km lang. Es können mehrere hundert Schiffe gleichzeitig dort liegen.

Containerschiffe aus vielen Ländern der Erde kommen hier an, um Waren und Güter zu bringen oder zu holen. Aber auch große Kreuzfahrtschiffe starten von Rotterdam aus in ferne Länder.

Wir kennen die Windmühlen, die Tulpenfelder und den Käse aus Holland. Die Wasserstraßen in Amsterdam nennt man Grachten. Dort stehen viele schöne alte Häuser. Das Land gilt auch als Land der Radfahrer. Es soll doppelt so viele Fahrräder geben wie es Autos gibt. Die meisten Leute im Land sind große Fußballfans. Zur niederländischen Tracht (Landeskleidung) zählen Holzpantinen und Haube.

EA

Aufgabe 9: *Die Bilder zeigen alle etwas Typisches der Niederlande. Schreibe zu jedem Bild, um was es sich handelt. Schreibe in dein Heft/in deinen Ordner.*

KOHL VERLAG Lernwerkstatt EUROPA Die Kontinente der Erde kennenlernen – Bestell-Nr. 11 795

V. Deutschland und die Nachbarländer

Die Nordsee

Die Nordsee liegt zwischen Norwegen, Dänemark, Deutschland, den Niederlanden, Belgien und Großbritannien.

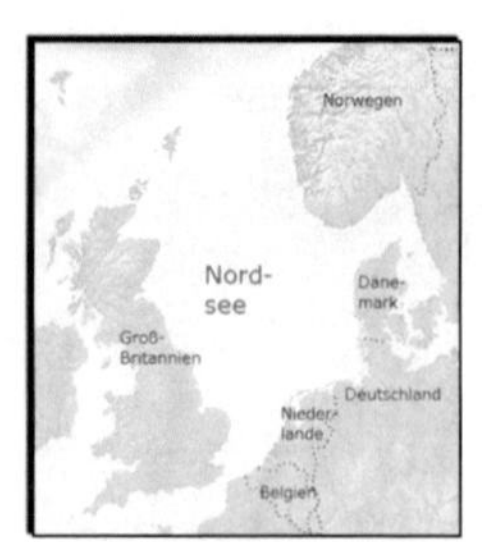

Die Nordsee ist durch den Nord-Ostsee-Kanal mit der Ostsee verbunden. Zu den größten Inselgruppen der Nordsee gehören die Nordfriesischen Inseln, die Ostfriesischen Inseln, Helgoland und die niederländischen Westfriesischen Inseln. Zwischen Dänemark im Norden und den Niederlanden im Westen erstreckt sich der Nationalpark Wattenmeer. Im und am Meer und im Watt leben sehr viele Tierarten, z. B. Miesmuscheln, Möwen, Krebse, Garnelen, Schnecken, Robben und natürlich Fische, sogar kleine Haifische.

PA

Aufgabe 10: *An der Nordseeküste leben 2 Robbenarten: Die Kegelrobbe und der Seehund. Forscht nach und erstellt über jedes der Tiere einen Bericht mit Fotos oder Zeichnungen.*

EA

Aufgabe 11: *Im Watt leben viele interessante Tiere und Pflanzen, die sich dem Leben mit Ebbe und Flut und im Salzwasser angepasst haben: Kleine Krebse, Muscheln, Quallen, Schnecken, Seesterne, der Sandwurm, Algen und Seegräser. Nimm ein großes Blatt und gestalte eine Landschaft.*

Die Ostsee

Die Ostsee wird auch Baltisches Meer genannt. In der Ostsee gibt es mehrere große Inseln: Rügen ist die größte Ostseeinsel Deutschlands, Seeland und Fünen gehören zu Dänemark, Gotland ist die größte Insel Schwedens.

EA

Aufgabe 12: *Schau auf die Karte: Welche Länder liegen an der Ostsee? Du solltest 9 Staaten finden:*

_______________ _______________ _______________

_______________ _______________ _______________

_______________ _______________ _______________

KOHL VERLAG Lernwerkstatt EUROPA Die Kontinente der Erde kennenlernen – Bestell-Nr. 11 795

V. Deutschland und die Nachbarländer

Frankreich

Frankreich ist die älteste Nation Europas: Es wurde schon im 5. Jahrhundert von den Franken gegründet. Die Hauptstadt ist Paris, eine der schönsten Städte der Welt. Weitere bedeutende große Städte sind Marseille, Lyon, Toulouse, Nizza, Straßburg und Bordeaux. Straßburg und Paris sind die international wichtigsten französischen Städte. In Straßburg befindet sich der Sitz des Europäischen Parlaments.

Durch Paris fließt die Seine. Der längste Fluss Frankreichs ist aber mit gut 1000 km Länge die Loire. Zwischen Frankreich und Deutschland verläuft der Rhein als Grenzfluss. Auch ein Teil der Alpen gehört zu Frankreich. Dort befindet sich auch der höchste Berg Frankreichs, der Montblanc (4808 m).

Im ganzen Land gibt es viele Schlösser und alte Burgen aus dem Mittelalter. Neben Napoleon Bonaparte, der Anfang des 19. Jahrhunderts als Kaiser Frankreich regierte, gehört der „Sonnenkönig" Ludwig XIV. zu den berühmtesten Franzosen. Die Stadt Avignon, wo ehemals die Päpste residierten, die Schlösser an der Loire und die Urlaubsgebiete um Cannes und Nizza an der Cote d'azur sind berühmt. Überall gibt es Baguettes, die langen Brote, und Croissants, die leckeren Hörnchen. Auch Wein und Käse aus Frankreich erfreuen sich großer Beliebtheit und sind weltbekannt.

Monaco ist ein Fürstentum. Es liegt, von Frankreich umschlossen, am Mittelmeer. Hier leben überwiegend reiche Leute. Bekannt ist das Spielcasino im Stadtteil Monte Carlo. Seit 1489 wird Monaco von der Familie Grimaldi regiert.

EA

Aufgabe 13: *Füge die folgenden Satzteile zu passenden Sätzen zusammen.*

1	Die älteste Nation Europas		a	Fürstentum am Mittelmeer.
2	Paris ist eine der		b	ist die Loire.
3	Baguettes und Croissants		c	Cannes und Nizza an der Cote d'azur.
4	Der längste Fluss des Landes		d	ist Frankreich.
5	Große Städte in Frankreich sind		e	Marseille, Straßburg, und Bordeaux.
6	Urlaubsgebiete liegen um		f	sind bekannte Franzosen.
7	Monaco ist ein		g	schönsten Städte der Welt.
8	Napoleon und der „Sonnenkönig"		h	sind beliebte Brotsorten.

KOHL VERLAG Lernwerkstatt EUROPA Die Kontinente der Erde kennenlernen – Bestell-Nr. 11 795

V. Deutschland und die Nachbarländer

Frankreichs Hauptstadt Paris

Paris ist eine der bedeutendsten und schönsten Städte der Welt. Viele historische Bauwerke, Prachtstraßen, alte Gassen und Parks, Museen und Kunstausstellungen locken jedes Jahr mehrere Millionen Besucher an. Sie gilt als die Stadt der Mode, des guten Essens, der Liebe und der Kunst. Das Wahrzeichen der Stadt ist der Eiffelturm, der 1898 zur Weltausstellung gebaut wurde. Dann gibt es die Champs Elysee, die vornehme Einkaufsstraße in Paris, und den Arc de Triomphe, den Triumphbogen. Im Louvre, einem Museum in Paris findet man eines der berühmtesten Gemälde der Welt: die Mona Lisa. Auch das Künstlerviertel unterhalb der wunderschönen Kirche Sacre Coeur wird gerne besucht. Eine weitere ganz bekannte Kirche ist Notre Dame, die sich mit zwei viereckigen Türmen auf der Seine-Insel erhebt.

EA

Aufgabe 14: *Male die Bauwerke zart farbig an und notiere die richtigen Namen:*

Sacre Coeur – Eiffelturm – Triumphbogen – Notre Dame

KOHL VERLAG Lernwerkstatt EUROPA Die Kontinente der Erde kennenlernen – Bestell-Nr. 11 795

V. Deutschland und die Nachbarländer

Die Nachbarn im Süden □ Die Schweiz

Nur ein Viertel der Schweiz ist bewohnt. Der Rest des Landes besteht aus Bergen, Gletschern und Wäldern. Die größte Stadt des Landes ist Zürich, die Hauptstadt ist Bern. Der höchste Berg ist der Monte Rosa (Dufourspitze) mit 4634 m Höhe, am bekanntesten aber ist das Matterhorn (4478 m).

Die Schweiz ist ein beliebtes Ferienziel für Wintersportler und Bergsteiger. Auch an den vielen Seen kann man Urlaub machen. Der größte See ist der Genfer See. Er liegt zum Teil in der Schweiz, zum Teil in Frankreich. Die Stadt Genf ist der Sitz der Vereinten Nationen. Die Schweiz ist bekannt für ihre Uhren, ihren Käse und für ihre Schokolade. Für Käse, Butter und Jogurt wird Milch gebraucht, und die Bergwiesen bieten sich zur Viehhaltung an. Auch für die Herstellung von Schokolade wird Milch benötigt. Die Milchschokolade wurde in der Schweiz erfunden. Große Arzneimittel-Konzerne produzieren hier. Einen wichtigen Platz nehmen auch die Banken und Versicherungen ein.

Liechtenstein

Liechtenstein ist das viertkleinste Land Europas, zählt aber zu den reichsten Staaten der Welt. Das Fürstentum liegt zwischen Österreich und der Schweiz. Seit 1712 regiert immer ein Fürst mit dem Namen Liechtenstein das kleine Land. Bekannt ist Schloss Vaduz, der Sitz der fürstlichen Familie seit 1938.

GA

Aufgabe 15: *Findet zu den Buchstaben Wörter, die zur Schweiz und zu Liechtenstein gehören.*

A	
B	
E	
F	
G	
K	
L	
M	
S	
U	
V	
W	
Z	

KOHL VERLAG Lernwerkstatt EUROPA Die Kontinente der Erde kennenlernen – Bestell-Nr. 11 795

V. Deutschland und die Nachbarländer

Österreich

Österreich gehört zu den ältesten Staaten Europas. Der Großglockner (3798 m) ist der höchste Berg des Landes. Weitere hohe Berge sind die Wildspitze, die Weißkugel und der Großvenediger.

Österreich ist ein Binnenstaat und besteht überwiegend aus Gebirge. Doch die interessanten Städte und die Berge locken jedes Jahr fast 20 Millionen Besucher an, gleichmäßig auf die Sommer- und die Wintersaison verteilt. Die Landschaft ist von großer Bedeutung für den Tourismus. Es gibt viele Wintersportgebiete und im Sommer bieten sich Möglichkeiten zum Bergsteigen, Bergwandern, Klettern und Baden. Leider ist durch den Skisport eine starke Beschädigung der Almen und der Pflanzenwelt entstanden.

Wien ist die Hauptstadt, bekannt durch das Wiener Schnitzel und das Wiener Würstchen, den Stephansdom, die Kaffeehäuser und die Pferdegespanne, die hier Fiaker genannt werden.

Salzburg ist eine weitere sehenswerte Stadt. Hier wurde der bekannte Komponist Wolfgang Amadeus Mozart geboren, zu dessen Ehren heute noch die Salzburger Festspiele stattfinden.

Österreich stellt eine wichtige Verkehrsverbindung zwischen Nord- und Südeuropa dar. Passstraßen ermöglichen das Überqueren der Gebirge. Die bekanntesten sind der Brenner und der Tauernpass.

Die Alpen trennen den Mittelmeerraum von Mitteleuropa. Je höher man aufsteigt, umso kälter wird es. Die Waldgrenze liegt etwa bei 2 000 m Höhe. Hier findet man Hirsche, Marder, Schneehasen, Schneehühner, Raben und Schmetterlinge. Über der Waldgrenze breitet sich die Krummholzzone (z. B. Krüppelkiefern) aus. Dazu wachsen vor allem Alpenrosen. Erst darüber beginnt die „alpine" Stufe, die Matten-Stufe. Dort wächst im Sommer Gras, auf dem die Almkühe weiden. Die Senner oder Sennerinnen kümmern sich um die Tiere. Noch höher liegt die Schnee- und Eisregion. Hier leben Gämse, Steinbock, Murmeltier und Steinadler. Auf einigen Gletschern kann man sogar im Sommer Skifahren, weil der Schnee bzw. das Eis nie auftaut.

Aufgabe 16: *Erstellt zu dritt oder viert ein Werbeplakat. Ihr könnt über Städte, Konzerte, die Küche, Seen, Bergtouren, Skilaufen ... berichten. Jede Gruppe wählt ein anderes Thema.*

KOHL VERLAG Lernwerkstatt EUROPA Die Kontinente der Erde kennenlernen – Bestell-Nr. 11 795

Alpentiere

Die Gämse

Gämsen sind eine Ziegenart. Sowohl der Bock (das Männchen) als auch die Geiß (das Weibchen) tragen Hörner. Die Gämse lebt im Rudel von bis zu 30 Tieren und ist im Gebirge zwischen 1000 und 3500 Metern Höhe anzutreffen. Die Gämse warnt die Mitglieder ihres Rudels durch einen lauten Pfiff vor herannahender Gefahr. Im Sommer halten sich die Tiere oberhalb der Baumgrenze und im felsigen Gelände auf, im Winter dagegen in den tiefer gelegenen Bergwäldern. Die Gämse ernährt sich von Gräsern, Kräutern, Pilzen, Blättern und Knospen.

Der Alpensteinbock

Der ebenfalls mit den Ziegen verwandte Alpensteinbock ist in den Alpen bis zu einer Höhe von 3500 m anzutreffen. Er bewohnt Gebiete zwischen der Waldgrenze und der Eisgrenze. Im Frühjahr ziehen die Tiere vorübergehend in tiefere Regionen, um frisches Grün abzugrasen. Die gebogenen Hörner der Männchen können bis zu einen Meter lang werden. Der Steinbock ernährt sich zum Großteil von Gräsern und Kräutern. Steinböcke werden bis zu 20 Jahre alt und leben in Gruppen mit einem Bock, 10 – 20 Weibchen und deren Jungtieren.

Das Murmeltier

Murmeltiere sind Nagetiere. Sie leben in einer Höhe ab 800 m bis 2500 m. Sie werden bis zu 1 m groß, 15 Jahre alt und lieben kühle Lebensräume. „Schlafen wie ein Murmeltier" kommt übrigens daher, dass die putzigen Tiere ein halbes Jahr Winterschlaf halten. Das Murmeltier haust in weitläufigen Bauen. Die geselligen Tiere leben in Kolonien. Bei Gefahr warnen sich die Tiere mit lauten Pfiffen. Gibt es im Herbst nicht mehr genug zu futtern, halten die Tiere einen Winterschlaf, der sechs bis sieben Monate oder sogar noch länger dauert. Murmeltiere ernähren sich hauptsächlich von Gräsern und Kräutern, aber auch Insekten, Regenwürmer und Larven stehen auf dem Speiseplan.

Der Bartgeier

Der Bartgeier erreicht eine Flügelspannweite von fast 3 m und ist so größer als der Steinadler. Er gehört zu den größten flugfähigen Vögeln der Welt. Man findet ihn in den Alpen in felsigen Gegenden oberhalb der Baumgrenze. Er ernährt sich von kranken oder toten Tieren (Aas) und mag gerne Knochen. Er zerschmettert große Knochen, indem er sie aus der Luft mehrfach auf Felsen fallen lässt.

KOHL VERLAG Lernwerkstatt EUROPA Die Kontinente der Erde kennenlernen – Bestell-Nr. 11 795

V. Deutschland und die Nachbarländer

Alpentiere

Der Steinadler

Steinadler haben eine Flügelspannweite von 2 m und brüten in felsigen Nischen. Man findet sie in den Gebirgsregionen, wo sie vor allem Säugetiere jagen. Der Steinadler bevorzugt einsame Gebiete und scheut die Nähe des Menschen. Durch die Verfolgung hat sich der Steinadler in Mittel- und Westeuropa ausschließlich in gebirgige Regionen zurückgezogen und jagt zumeist oberhalb der Waldgrenze.

Er hat ausgezeichnete Augen und kreist hoch oben über seiner Beute, bis er blitzschnell auf sie herunterschießt. Dabei jagt er z.B. Hasen, Schneehühner, Murmeltiere oder sogar junge Gämsen, die oft größer sind als er selbst.

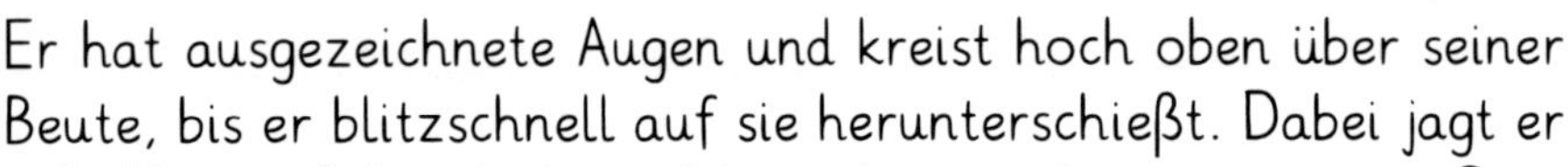

Die Alpendohle

Die Alpendohle ist ein Krähenvogel. Man findet sie von der Baumgrenze bis in ca. 3000 m Höhe. Je nach Wetterzustand zieht er auch in niedrigere Gebiete. Die Vögel sind sehr gesellig und oft bei Flugkunststücken zu beobachten. Auch brüten die Alpendohlen oft in Kolonien. Die Alpendohle ernährt sich von Insekten, Spinnen, Würmern und Schnecken. Aas steht genauso auf dem Speisezettel wie Essensreste, die Besucher in den Alpen zurücklassen.

EA

Aufgabe 17: *Kreuze die richtige(n) Antworten an. Lies die Buchstaben hintereinander und du erhältst ein Lösungswort.*

1.	Welche Tiere warnen ihre Gefährten mit einem lauten Pfiff?					
	Gämse	G	Steinadler	L	Murmeltier	E
2.	Zwei der Alpentiere sind mit den Ziegen verwandt. Welche?					
	Steinbock	B	Murmeltier	A	Gämse	I
3.	Der größte Alpenvogel ist …					
	Alpendohle	D	Steinadler	S	Bartgeier	R
4.	Einen Winterschlaf macht …					
	Gämse	E	Murmeltier	G	Steinbock	F
5.	Nur pflanzliche Nahrung frisst …					
	Steinadler	T	Gämse	E	Murmeltier	R

LÖSUNGSWORT: ___ ___ ___ ___ ___ ___ ___

KOHL VERLAG Lernwerkstatt EUROPA Die Kontinente der Erde kennenlernen – Bestell-Nr. 11 795

Alpenpflanzen

Enzian

Der Enzian hat nur ganz kurze Stängel und blüht zwischen Mai und August tief blau. Er wächst meist an Felshängen über 1000 m in den Alpen: In Europa gibt es über 30 verschiedene Enzianarten. Einige werden heute als Zierpflanzen gezüchtet. Achtung: Alle Enziane stehen unter Naturschutz und dürfen daher nicht gepflückt werden.

Edelweiß

Typisch fürs Edelweiß sind die samtig weißen Blütenblätter. Die feinen Härchen schützen die Blüte vor der starken Sonneneinstrahlung und dem Austrocknen. Edelweiß wächst oft sehr versteckt an Schutt- und Felshängen. Achtung: Auch das Edelweiß darf nicht gepflückt werden.

Die Alpenrose

Die Alpenrose blüht im Juni bis August. Sie gedeiht auf Almweiden und Wiesen, begnügt sich aber auch mit Felsgeröll und Schuttablagerungen bis zu 2.300 m Höhe. Die Rostblättrige Alpenrose ist in den Alpen, den Pyrenäen und auf der Balkanhalbinsel verbreitet.

Weitere Alpenblumen sind die Trollblume, die Glockenblume und Arnika.

EA

Aufgabe 18: *Setze die Blumen passend ins Gitter ein. Die grauen Felder nennen dir etwas, was die Bergbauern für ihr Vieh brauchen. Einige Buchstaben sind zur Hilfe vorgegeben.*

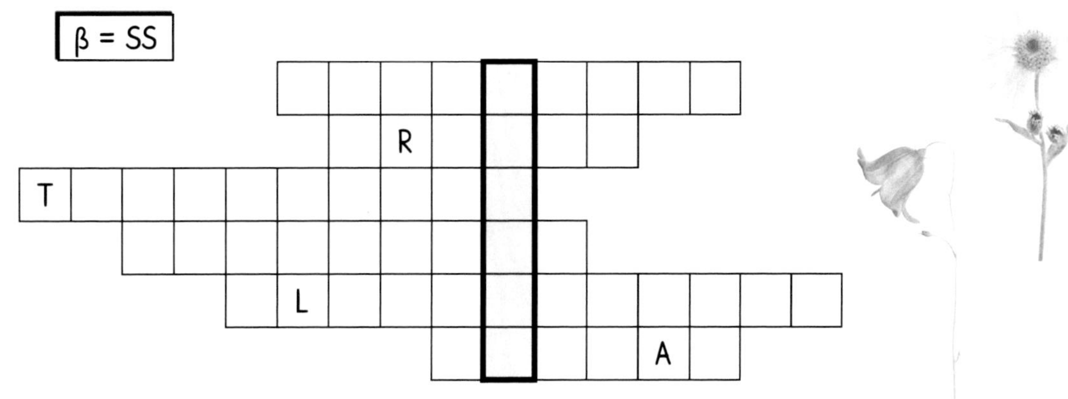

KOHL VERLAG
Lernwerkstatt EUROPA
Die Kontinente der Erde kennenlernen – Bestell-Nr. 11 795

V. Deutschland und die Nachbarländer

Die Nachbarn im Osten – Tschechien

Die Republik Tschechien gibt es erst seit 1993. Vorher bildete Tschechien zusammen mit der Slowakei die Tschechoslowakei. Mit Demonstrationen und Streiks protestierte die Bevölkerung für eine politische Wende. 1993 teilte sich die Tschechoslowakei dann in die zwei Staaten.

Die Hauptstadt Prag gibt es schon seit 1000 Jahren. Sie wird wegen der vielen Kirchen und alten Bauten mit den goldenen Kuppeln auch „Goldene Stadt" genannt. Die Wahrzeichen der Hauptstadt sind die Karlsbrücke, die über die Moldau führt, und die Prager Burg.

Das Landesinnere ist hügelig und es gibt viele Seen, große Flüsse und Wälder. Rundum liegen viele Gebirge. Im Westen grenzen der Böhmische Wald und das Erzgebirge an Deutschland. Im Norden befindet sich das Riesengebirge. Der höchste Berg ist die Schneekoppe. Die Täler sind sehr fruchtbar und werden zum Anbau von Wein und Hopfen genutzt. Aus Hopfen wird Bier hergestellt. Das Land ist für sein sehr gutes Bier bekannt.

Beliebt sind die tschechischen Kinderfilme. Wer kennt ihn nicht, den Maulwurf aus unserer „Sendung mit der Maus?" Er kommt aus Tschechien. Ein beliebtes landestypisches Gericht ist Schweinebraten mit Knödeln und Sauerkraut. Zum Nachtisch oder zum Kaffee gibt es dann Buchteln.

EA

Aufgabe 19: Buchteln sind süße Hefeknödel, die im Ofen gebacken werden.
Buchteln werden oft mit warmer Vanillesoße gegessen.
Man kann sie auch füllen.

So geht es:

Zuerst einen Vorteig herstellen:

250 ml lauwarme Milch, 1 EL Zucker, Hefe und 2 EL Mehl gut vermischen und 15 Min. an einem warmen Ort aufgehen lassen.
Danach alle restlichen Zutaten (außer der Butter für die Form) dazugeben und mit der Küchenmaschine rühren, bis der Teig nicht mehr an der Schüssel klebt. Den Teig nochmals ca. 1 Std. an einem warmen Ort aufgehen lassen.
Aus dem Teig 12 – 15 Kugeln formen. In eine gut gebutterte Auflaufform setzen. Jede Buchtel mit Butter einpinseln, aber nicht allzu dicht nebeneinander setzen, da die Buchteln noch etwas aufgehen. Sind alle Buchteln in der Form, nochmals 15 Min. gehen lassen und dann im vorgeheizten Backofen (180 °C) ca. 35 Min. backen. Die Buchteln in der Form auskühlen lassen, danach trennen, mit Puderzucker bestreuen und frisch genießen.

1 Würfel	Hefe
250 ml	Milch
1 EL	Zucker
500 g	Mehl
90 g	Zucker
100 g	Butter
2	Eier
1 Prise	Salz
1 Pck.	Vanillezucker
100 g	Butter – zerlassene: für die Form und zum Bestreichen

Lernwerkstatt EUROPA
Die Kontinente der Erde kennenlernen – Bestell-Nr. 11 795
KOHL VERLAG

V. Deutschland und die Nachbarländer

Polen

Die Hauptstadt Polens heißt Warschau. Weitere große Städte sind Danzig, Breslau und Krakau. Das Land ist überwiegend flach. Dennoch gibt es das Riesengebirge mit dem bekannten Berggeist Rübezahl. Polen teilt sich das Gebirge mit Tschechien. Es gibt Gebiete mit vielen Seen. Dazu gehört die Masurische Seenplatte im Nordosten des Landes. Der Bialowieski-Nationalpark ist der letzte Urwald Europas. Dort gibt es noch freilebende Wisente.

Polen besitzt Bodenschätze wie Kohle und Kupfer. Das Land verfügt über Textilindustrie, Eisen- und Stahlwerke und Schiffswerften. Ein knappes Drittel der polnischen Bevölkerung arbeitet in der Landwirtschaft.

Im Norden, an der Ostsee, befinden sich lange Sandstrände. Je weiter südlich man jedoch kommt, desto bergiger wird das Land. Ganz im Süden des Landes, an der Grenze zur Slowakei, liegt das Gebirge Hohe Tatra. Hier kann man im Winter prima Ski laufen.

EA

Aufgabe 20: *Schneide die Kärtchen aus und klebe sie in der Karte auf.*

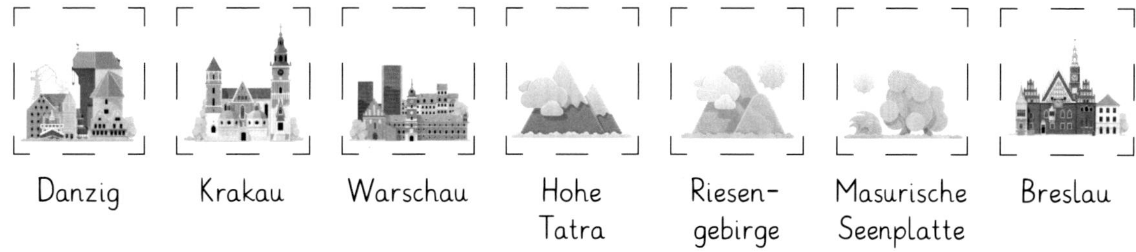

PA

Aufgabe 21: *Forscht nach: Was ist ein Urwald? Berichtet und gestaltet ein Bild dazu.*

Lernwerkstatt EUROPA
Die Kontinente der Erde kennenlernen – Bestell-Nr. 11 795
KOHL VERLAG

V. Deutschland und die Nachbarländer

Der Berggeist Rübezahl

Er ist der Berggeist des Riesengebirges. Über ihn werden viele Sagen und Märchen erzählt. Rübezahl erscheint den Menschen in verschiedener Gestalt. Oft zeigt er sich als Mönch in einer grauen Kutte. Manchmal erscheint er als Bergmann, Handwerker, aber auch als Tiergestalt oder z. B. als Baumstumpf oder Stein.

Rübezahl ist der Wetterherr des Riesengebirges. Unerwartet sendet er Blitz und Donner, Nebel, Regen und Schnee vom Berg nieder, während gerade noch die Sonne vom Himmel strahlte. Bisweilen werden auch Wanderer von ihm in die Irre geleitet.

Einmal kam eine alte Frau in den Wald, um Wurzeln für ihre hungrigen Kinder zu sammeln. Doch sie verirrte sich immer tiefer im Wald, bis ihr Rübezahl begegnete: „Ich helfe Euch, den Weg zu finden, aber schüttet die Wurzeln aus und pflückt von den Blättern", verlangte er. Doch die Frau wollte nicht: „Es ist doch nur wertloses Laub." Schließlich wurde Rübezahl böse, leerte den Korb selbst und füllte ihn mit den Blättern. Als die Frau dann allein war, wollte sie ihren Korb wieder mit den Wurzeln auffüllen. Doch aus den Blättern waren goldene Dukaten geworden.

Aufgabe 22: *Überlegt euch weitere Geschichten, die zu Rübezahl passen. Tragt sie euren Mitschülern vor.*

Aufgabe 23: *Ein „Elfchen" ist ein Gedicht, das sich aber nicht reimen muss. Ein Elfchen besteht aus elf Wörtern und 5 Zeilen. Schreibe ein Elfchen zu Rübezahl.*

1. Zeile: Ein Wort (eine Farbe oder eine Eigenschaft)
2. Zeile: Zwei Wörter (ein Gegenstand oder eine Person mit Artikel)
3. Zeile: Drei Wörter (Wo und wie ist der Gegenstand, was tut die Person?)
4. Zeile: Vier Wörter (etwas über sich selbst schreiben)
5. Zeile: Ein Wort (als Abschluss des Elfchens)

	Beispiel	dein Elfchen
1. Zeile	Unheimlich	
2. Zeile	der Berggeist	
3. Zeile	lebt im Gebirge	
4. Zeile	ich habe ihn gesehen	
5. Zeile	Rübezahl	

KOHL VERLAG Lernwerkstatt EUROPA Die Kontinente der Erde kennenlernen – Bestell-Nr. 11 795

V. Deutschland und die Nachbarländer

EA

Aufgabe 24: *Notiere die Nachbarstaaten in der richtigen Himmelsrichtung.*

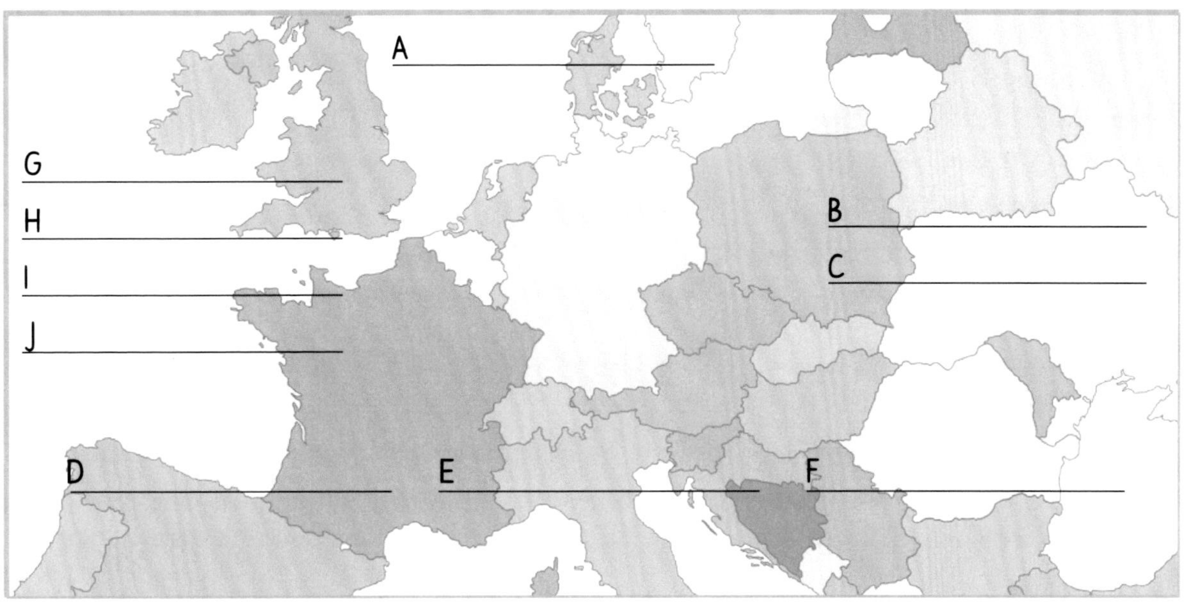

EA

Aufgabe 25: *Füge die Satzteile richtig zusammen.*

1. Die kleinsten Staaten West- und Mitteleuropas sind …
2. Die Niederlande sind bekannt für …
3. Bekannte Komponisten wie Mozart und Haydn …
4. In Paris, der Hauptstadt Frankreichs, findet man …
5. In der Hauptstadt Belgiens, in Brüssel, befindet sich …
6. In Polen und Tschechien …
7. Die 4 Millionenstädte in Deutschland …
8. In der „Goldenen Stadt" Prag …

a) … Windmühlen, Tulpen und den Gouda-Käse.

b) … liegt das Riesengebirge.

c) … findet man die Karlsbrücke.

d) … der Sitz des Europäischen Parlaments.

e) … heißen Berlin, Hamburg, München und Köln.

f) … Liechtenstein, Monaco, Luxemburg, Andorra und Vatikan

g) … stammen aus Österreich

h) … den Eiffelturm und im Louvre die Mona Lina.

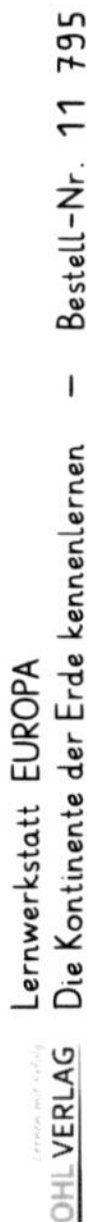

VI. Südeuropa und Mittelmeerraum

Italien

Auf der Landkarte hat Italien die Form eines Stiefels. Die Hauptstadt ist Rom. Einer Sage nach wurde sie von dem Zwillingspaar Romulus und Remus im Jahr 753 v. Chr. gegründet, nachdem die beiden von einer Wölfin groß gezogen wurden.

①

②

Neben Rom sind Mailand, Turin, Venedig, Genua, Florenz, Neapel und Palermo auf Sizilien bekannte Städte.

Der wichtigste Fluss ist der Po. Die Po-Ebene ist die einzige weite und flache Gegend in Italien und sehr fruchtbar. Die Inseln Sizilien und Sardinien gehören ebenfalls zu Italien.

Italien besitzt viele Museen, Kirchen, prächtige Gebäude und Kunstwerke: das Kolosseum in Rom, die Ruinenstadt Pompeji, den schiefen Turm von Pisa, Florenz und Venedig mit ihren Prachtbauten. Das Mailänder Opernhaus, die Scala, ist das berühmteste der Welt. Venedig wurde auf mehr als 100 kleinen Inseln erbaut. Brücken verbinden die einzelnen Stadtteile. Hier fahren die Leute mit Booten. Berühmt sind die Ruderer, die Gondolieri.

③

Auf der Insel Sizilien liegt der höchste Vulkan Europas, der Ätna. Er ist über 3 000 m hoch. Südlich von Neapel liegt der Vesuv, auch ein Vulkan. Er zerstörte die Stadt Pompeji.

④

Italien ist ein wichtiges Industrieland und stellt Autos, Maschinen und Computer her. Im Süden des Landes werden Wein, Tomaten, Oliven und Zitrusfrüchte angebaut. Wir kennen Pizza und Spagetti, doch die Küche Italiens bietet noch viele leckere Speisen mehr. Das italienische Olivenöl gehört zu jedem Essen. Wein darf ebenso wenig fehlen wie Käse, Gemüse und Obst. Aus Italien stammt auch der Pinocchio.

PA

Aufgabe 1: *Notiert zu den Bildern 1 bis 4 passende Überschriften:*

① ____________________

② ____________________

③ ____________________

④ ____________________

KOHL VERLAG Lernwerkstatt EUROPA Die Kontinente der Erde kennenlernen – Bestell-Nr. 11 795

VI. Südeuropa und Mittelmeerraum

Vulkane in Italien: Ätna und Vesuv

Der Name Vulkan kommt von der Insel Vulcano, die bei Sizilien liegt. Eine alte Geschichte erzählt, dass der Gott des Feuers dort gewohnt hat.

Man unterscheidet zwischen tätigen (aktiven) Vulkanen, untätigen (inaktiven, schlafenden) Vulkanen und erloschenen Vulkanen. Untätige Vulkane befinden sich in einem Ruhezustand, sind aber noch nicht erloschen, während bei erloschenen Vulkanen mit einem erneuten Ausbruch nicht mehr zu rechnen ist.

Der Ätna ist der größte Vulkan in Europa. Er ist über 3000 m hoch und liegt in Italien. Er ist ein aktiver Vulkan, das heißt, dass er manchmal ausbricht. Der andere bekannte Vulkan in Italien ist der Vesuv. Auch er ist aktiv. Sein Ausbruch vor fast 2 000 Jahren zerstörte die Stadt Pompeji.

So entsteht ein Vulkanausbruch

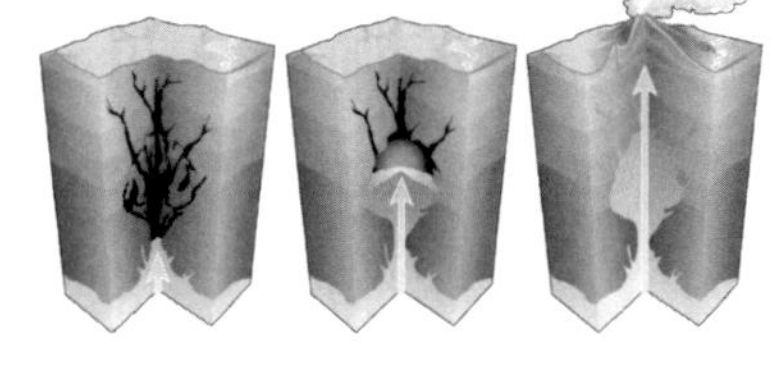

Ganz weit unter der Erde ist es so heiß, dass die Steine schmelzen. Die geschmolzenen Steine nennen wir Magma. Es ist glühend heiß, flüssig und orange wie Feuer. Wenn die Steine schmelzen entsteht Gas. Wenn sehr viele Steine schmelzen und ganz viel Gas entsteht, hat es keinen Platz mehr. Der Druck unter der Erde steigt. Wenn der Druck zu groß ist, schießt das Magma durch die Schlote nach oben.

An der Spitze des Vulkanberges ist der Krater. Bei einem Vulkanausbruch werden Magma, Gas, Gesteinsbrocken und Asche dort herausgeschleudert. Wenn Magma aus der Erde herauskommt, heißt es Lava. Wenn Lava ganz abkühlt, entstehen feste, schwarze Steine.

Versuch: Blase einen Luftballon mit Gas auf. Er wird immer größer und größer. Der Druck steigt. Das Gas hat keinen Platz mehr. Der Luftballon zerplatzt. Genauso ist es im Vulkan.

EA

Aufgabe 2: *Beschrifte den Vulkan richtig: Magma, Lava, Asche, Schlot*

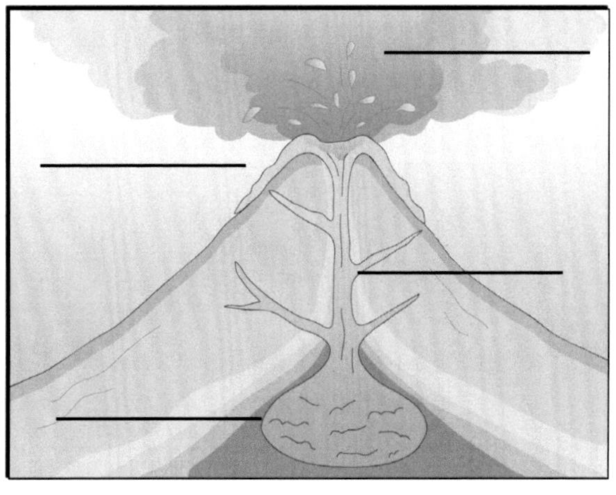

EA

Aufgabe 3: *Erkläre, was ein aktiver, ein inaktiver und ein erloschener Vulkan sind.*

Lernwerkstatt EUROPA
Die Kontinente der Erde kennenlernen – Bestell-Nr. 11 795
KOHL VERLAG

In Italien liegen zwei Zwergstaaten

San Marino

In San Marino leben nur 32000 Menschen. Es ist ein Zwergstaat, der von Italien umschlossen wird. Auf den Gipfeln des Monte Titano stehen mittelalterliche Festungen, die durch Gänge miteinander verbunden sind. Die Wehrtürme bieten einen außergewöhnlichen Blick. San Marino ist bekannt für seine schönen Briefmarken und lebt vom Tourismus.

Vatikan

Mit knapp ½ km² ist die Vatikanstadt der kleinste Staat der Erde. Sie liegt in Rom am Westufer des Tibers. Oberhaupt ist der Papst. Gesprochen wird italienisch und Latein. Es gibt etwa 1000 Einwohner. Die Peterskirche bildet das Zentrum. Der Vatikan hat einen eigenen Radiosender, eine Post und einen Bahnhof.

Als Sitz des Papstes ist der Vatikan Mittelpunkt der römisch-katholischen Kirche.

EA

Aufgabe 4: *Gestalte eine Briefmarke für San Marino.*

EA

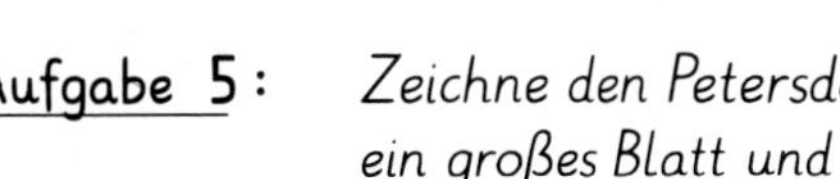

Aufgabe 5: *Zeichne den Petersdom auf ein großes Blatt und male ihn an.*

KOHL VERLAG Lernwerkstatt EUROPA Die Kontinente der Erde kennenlernen – Bestell-Nr. 11 795

VI. Südeuropa und Mittelmeerraum

Italienquiz

EA

Aufgabe 6: *Italien-Quiz – kennst du dich aus?*

a) Wie heißt die Hauptstadt Italiens?

b) Welche Inseln gehören zu Italien?

c) Wo fährt man mit Booten anstelle mit Autos?

d) In welcher Stadt steht der schiefe Turm?

e) Wo liegt der höchste Vulkan Europas?

f) Wie nennt sich der längste Fluss des Landes?

g) Wo findet man ganz viele Brücken?

h) Wer ist denn Pinocchio?

PA

Aufgabe 7: *Diese Karte ist nicht in unserer Sprache beschriftet. Schafft ihr es trotzdem, die folgenden Orte zu markieren?*

Mailand – Po – Rom – Palermo – Ätna – Venedig – Genua –.Sardinien – Neapel – Pisa – Sizilien – Alpen – Turin

Lernwerkstatt EUROPA
Die Kontinente der Erde kennenlernen – Bestell-Nr. 11 795
KOHL VERLAG

VI. Südeuropa und Mittelmeerraum

Die Iberische Halbinsel

Spanien

Spanien und Portugal liegen auf der Iberischen Halbinsel. Die Hauptstadt Spaniens, Madrid, liegt mitten im Land. Valencia, Toledo und Sevilla sind weitere Städte. Barcelona ist eine große Stadt am Mittelmeer. Zu Spanien gehören auch die Balearen (die Inseln wie Mallorca, Ibiza und Menorca) und die Kanarischen Inseln. Neben dem Fischfang und dem Tourismus an den Küsten und auf den Inseln spielt in Spanien auch die Automobilindustrie eine Rolle. Spanien ist eines der beliebtesten Urlaubsländer. Nicht nur die Mittelmeerküste mit den Orten Barcelona, Alicante, Valencia und Malaga sind gern besuchte Ziele, auch die Inseln locken viele Urlaubsgäste an.

Am „Zipfel" der Halbinsel liegt Gibraltar. Diesen Felsen bewohnen die einzigen in Europa wild lebenden Affen. Etwas nördlicher liegt Granada, wo die muslemischen Mauren im 13. und 14. Jahrhundert die Alhambra, einen prächtigen Palast erbauten.

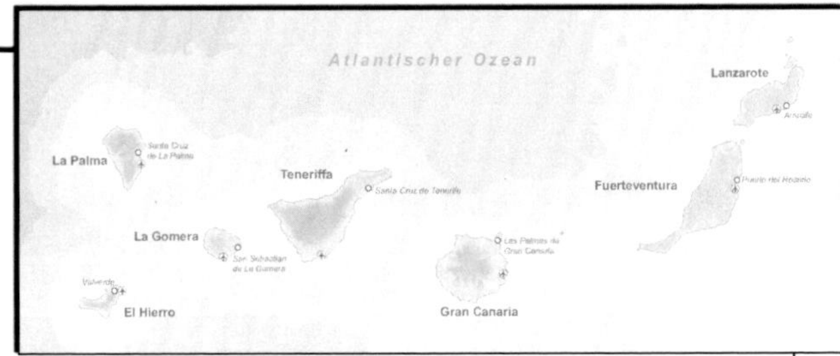

Die Kanarischen Inseln im Atlantischen Ozean

Die Kanarischen Inseln (oder Kanaren, wie sie einfach genannt werden) gehören zu Spanien, obwohl sie über 1000 km vom Land entfernt liegen. Gran Canaria, Lanzarote, Fuerteventura, Teneriffa und La Palma sind die bekanntesten Inseln.

Teneriffa ist nicht nur die größte Insel, dort liegt auch der höchste Berg Spaniens. Der Pico del Teide ist 3717 m hoch und im Winter oft schneebedeckt.

EA

Aufgabe 8: *Lotta kennt viele Urlaubsorte und Urlaubsinseln. Markiere die Inseln und Ferienorte rot, die in Spanien liegen oder zu Spanien gehören.*

Mallorca	England	Alicante	Teneriffa	Barcelona
Island	Ibiza	Usedom	La Palma	Seeland
Gran Canaria	Sylt	Rügen	Valencia	Malaga

KOHL VERLAG Lernwerkstatt EUROPA Die Kontinente der Erde kennenlernen – Bestell-Nr. 11 795

VI. Südeuropa und Mittelmeerraum

Andorra

Das Fürstentum Andorra liegt zwischen Frankreich und Spanien in den Pyrenäen. Die Pyrenäen bilden die Grenze zwischen Frankreich und Spanien. Andorra ist ein sogenannter „Zwergstaat".
Der größte Teil der Bewohner lebt vom Tourismus. Im Winter kommen viele Leute zum Skilaufen nach Andorra. Im Sommer kann man wandern oder reiten.

Portugal

Wie Spanien liegt Portugal auf der iberischen Halbinsel. Von hier aus starteten vor etwa 500 Jahren die großen Eroberer ihre Entdeckungsreisen nach Asien und Südamerika. Die beiden bekanntesten waren Vaco da Gama, der den Seeweg nach Indien entdeckte und Fernando de Magellan, dem die erste Weltumseglung zugeschrieben wird.
Die Hauptstadt ist Lissabon. Zu Portugal gehören die Insel Madeira und die Azoren, die außerhalb Europas im Atlantik liegen. An der südlichen Küste, der Algarve, kann man wunderbar Urlaub machen. Weinanbau, Fischfang und Tourismus sind in Portugal wichtige Bereiche.

Korkeichen

Plopp – die Weinflasche ist offen. Der Korken landet dann leider meist im Müll. Doch Kork ist ein wertvoller Rohstoff! Die meisten Korkeichen wachsen in Portugal und Spanien. Kork wird aus der Rinde der Korkeiche gewonnen. Bei der Ernte wird die Rinde vom Stamm des Baumes geschält. Die Korkeiche muss aber erst 25 Jahre wachsen, bevor man sie das erste Mal schälen kann. Danach kann man sie alle 8 - 10 Jahre entrinden. Obwohl Kork nachwächst, ist er also nur begrenzt vorhanden. Kork ist sehr leicht und schwimmt daher sehr gut. Er ist begehrt – für Fußbodenbeläge, Dämmstoffe, Pinnwände, Rettungsringe und natürlich Flaschenkorken. Daher ist es sinnvoll, gebrauchte Flaschenkorken zu sammeln und wiederzuverwerten, z.B. zum Korkmännchen basteln ...

EA

Aufgabe 9: *Setze die folgenden Wörter ein:*

Fischfang – westlichste – iberischen – Seemacht – Magellan – Andorra

Portugal ist das ____________________ Land Europas und liegt auf der ____________ Halbinsel. Im 16. Jahrhundert war Portugal eine bedeutende ________________. Einer der bekanntesten Entdecker war ____________________. Portugal ist einer der größten Korkerzeuger der Welt. Aber auch Tourismus, ____________________ und Weinbau sind Erwerbszweige der Portugiesen. In den Pyrenäen liegt der Zwergstaat ________________.

KOHL VERLAG Lernwerkstatt EUROPA Die Kontinente der Erde kennenlernen – Bestell-Nr. 11 795

VI. Südeuropa und Mittelmeerraum

Griechenland

Die Hauptstadt Griechenlands ist Athen. Das Land besitzt mehr als 3000 Inseln. Aber nur ein kleiner Teil ist bewohnt. Kreta ist die größte Insel. Auch die Küste des Festlandes ist stark zerklüftet.

Griechenland ist ein beliebtes Urlaubsziel, besonders auf den Inseln Korfu, Rhodos und Kreta erholt man sich gern. Auf Lesbos kommen derzeit viele Flüchtlinge an, weil es der nächste Weg von der Türkei nach Europa ist.

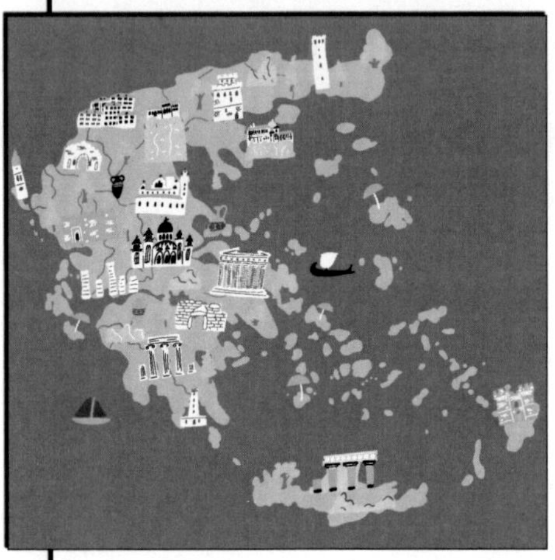

Der Boden im Land ist nicht sehr fruchtbar. So werden hier überwiegend Oliven angebaut. In den Bergen gibt es noch viele Schaf- und Ziegenherden. Hierher stammt auch der Schafskäse, der Feta! Weiterhin wird in Griechenland Wein angebaut. Tourismus und große Reedereien mit vielen Schiffen bringen Geld ins Land und Waren oder Passagiere rund um die Welt.

EA

Aufgabe 10: *Male die Inseln Rhodos, Kreta, Lesbos und Korfu in der Karte oben an. Vielleicht war jemand von euch schon mal in Griechenland in Urlaub. Berichtet darüber.*

Malta

Auch Malta ist ein ganz kleiner Staat. Er besteht aus sechs Inseln und liegt zwischen Europa und Afrika. Weil man von Malta aus das Mittelmeer gut überwachen konnte, war die Insel früher heiß umkämpft.

Malta zählt zu den reichen Ländern Europas. Es ist nicht nur eine Urlaubsinsel, sondern auch einer von 4 Herstellungsorten von Playmobil in Europa. Mit über 2 Millionen Figuren pro Woche ist Malta der zweitgrößte Hersteller der deutschen Firma.

Zypern

Griechen und Türken „teilen" sich die Insel Zypern. Die zwei Olivenzweige in der zypriotischen Flagge sollen ein Zeichen für den Frieden zwischen Türken und Griechen sein. Die Hauptstadt ist Nikosia. Zypern ist ein Urlaubsparadies, es ist das ganze Jahr warm. Angebaut werden überwiegend Zitrusfrüchte und Oliven.

VI. Südeuropa und Mittelmeerraum

Vegetation rund ums Mittelmeer

PA

Aufgabe 11: *Rund um das Mittelmeer wachsen andere Bäume als bei uns. Es gibt Pinien, Palmen und Zypressen. Beschriftet richtig. Gestaltet eine Landschaft mit den Bäumen.*

Versuch: Pinien züchten

Pinienbäume wachsen aus ihren Samen, den Pinienkernen. Die Kerne mit einer harten Schale befinden in den Pinienzapfen. Sie werden aus den Schalen gelöst und einzeln in Torftöpfchen gepflanzt. Jetzt bedeckt man sie leicht mit Erde und stellt sie an einen warmen, schattigen Ort. Bei Temperaturen um die 20 °C und genügend Feuchtigkeit kann die Keimung bereits nach zwei Wochen einsetzen. Sobald sich der Pinienkeimling gebildet hat, kommt die Pflanze an einen hellen Ort – allerdings nicht in die pralle Sonne – und muss regelmäßig gegossen werden.

PA

Aufgabe 12: *Um das Mittelmeer werden Weintrauben, Oliven und Zitronen angebaut. Notiert unter den Bildern richtig, wie die Früchte heißen und wofür man sie nutzt. Lotta hat da einiges durcheinandergebracht …*

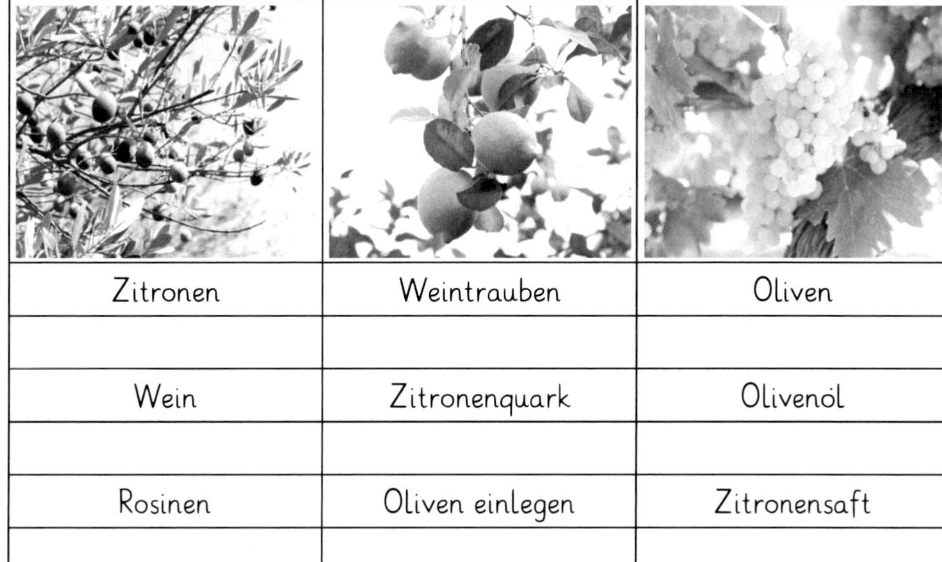

Zitronen	Weintrauben	Oliven
Wein	Zitronenquark	Olivenöl
Rosinen	Oliven einlegen	Zitronensaft

Lernwerkstatt EUROPA
Die Kontinente der Erde kennenlernen – Bestell-Nr. 11 795
KOHL VERLAG

VI. Südeuropa und Mittelmeerraum

Türkei

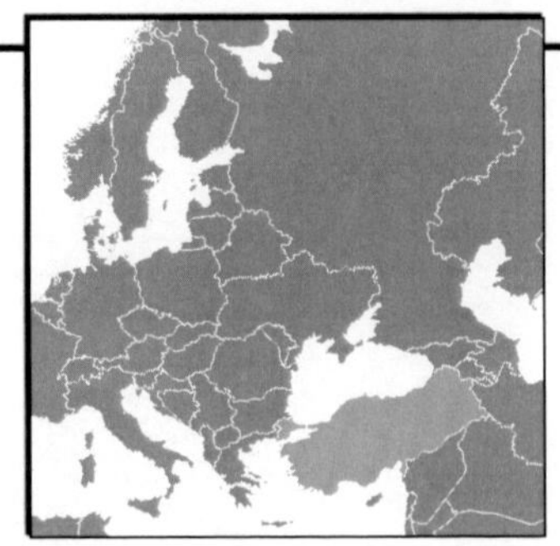

Wie auch Russland, liegt die Türkei auf zwei Kontinenten.

Der größte Teil der Türkei gehört zu Asien. Doch über die Bosporus-Brücke in Istanbul kannst du ganz bequem von Europa nach Asien laufen. Es gibt noch eine 2. Brücke, aber die dürfen nur Autos befahren. Sogar eine dritte Brücke ist im Bau, jedoch noch nicht fertig.

Die Hauptstadt der Türkei ist Ankara. Aber Istanbul ist die größte Stadt des Landes, sie hat fast 10 Millionen Einwohner. Einige von ihnen leben in Europa, einige in Asien. Viele Türken leben auch bei uns in Deutschland.

Die Südküste der Türkei hat sich zu einem beliebten Urlaubsziel entwickelt. Bekannt ist auch die Schwarzmeerküste, von dort kommen ¾ aller Haselnüsse.

Eine Sehenswürdigkeit sind die Kalkterrassen von Pamukkale. Hier tritt eine warme Quelle aus dem Erdinneren an die Oberfläche. Das Wasser enthält viel Kalk. Dieser Kalk wird beim Abkühlen des Wassers fest und bleibt schneeweiß liegen. Über viele Jahrtausende haben sich aus diesen Ablagerungen Kalkterrassen gebildet, die von warmen Wasserbecken unterbrochen sind.

Kappadokien, das „Märchenland" aus Lava und Asche. In den seltsamen Felsen lebten schon früh Menschen – erst in Höhlen, später in richtigen Städten, die sie tief in den weichen Fels gruben. Auch Höhlenkirchen und verlassene Klöster kann man noch heute besichtigen.

Aufgabe 13: *Aus Plastilin, Ton oder auch selbstgemachter Knete lässt sich die Landschaft Kappadokiens wunderschön darstellen. Hier eine Anleitung für das Gestalten mit Knetmasse.*

Ihr braucht:

- 4 Tassen Mehl
- 1 Tasse lauwarmes Wasser
- 1½ Tassen Salz
- 2 EL Sonnenblumenöl
- Lebensmittelfarbe
- 1 große Schüssel

So geht es:

- Mehl und Salz in einer Schüssel gut vermischen
- Wasser, Öl und Farbe hinzugeben
- alles gut verkneten, bis ein geschmeidiger Teig entstanden ist.
- Jeder bekommt nun eine Portion und formt ein Gebäude

KOHL VERLAG Lernwerkstatt EUROPA Die Kontinente der Erde kennenlernen – Bestell-Nr. 11 795

VI. Südeuropa und Mittelmeerraum

Die meisten Türken gehören dem islamischen Glauben an. In den Moscheen wird fünfmal am Tag zu Allah gebetet. Männer und Frauen beten getrennt. Die Blaue Moschee in Istanbul hat 6 Minarette (Türme). Die Moslems, wie die Gläubigen genannt werden, essen kein Schweinefleisch und trinken keinen Alkohol. Doch auf dem Speiseplan stehen nicht nur Döner! Sehr beliebt sind Lammfleisch und Fisch.

PA

Aufgabe 14: *Findet heraus: Wie nennen die Moslems ihren Gott und ihr wichtigstes Religionsbuch?*

EA

Aufgabe 15: *Male das Mandala aus.*

KOHL VERLAG Lernwerkstatt EUROPA Die Kontinente der Erde kennenlernen – Bestell-Nr. 11 795

VI. Südeuropa und Mittelmeerraum

Ali und der König

(türkisches Märchen)

Einmal wurde Ali vom König gefragt: „Kannst du in einer kalten Dezember- oder Januarnacht und ohne Feuer eine Nacht im Freien verbringen? Wenn du es schaffst, erhältst du ein königliches Geschenk." Ali behauptete, es zu können. Er ging und verbrachte die ganze Nacht auf einer Bergspitze. Fast wäre er wegen der eisigen Kälte erfroren.

Am anderen Tag kam er zum König und sagte: „O König der Zeiten, ich verbrachte die letzte Nacht im Freien, ohne Kleidung und ohne Feuer, wie du es mir gesagt hast." „Hast du durchaus kein Feuer gesehen?" fragte der König. „Nein", erwiderte Ali, „nur ein winziges Fünkchen in weiter Ferne." Da sprach der König: „Also hast du dich doch gewärmt, Ali!" „Ich soll mich daran gewärmt haben?" fragte der ungläubig. Doch der König blieb dabei und gab ihm kein königliches Geschenk.

Das will ich dir heimzahlen, dachte Ali bei sich zu Hause. Er wartete, bis diese Begebenheit vergessen war, um dann zurückzuschlagen. Eines Tages lud er den König und seine Minister zu einem Essen im Freien ein. Sie freuten sich und nahmen die Einladung an. Als sie zu ihm kamen, ließ er sie in seiner Gartenlaube Platz nehmen. Er nahm seine Töpfe und das Essen und ging weiter weg in den Garten hinein, wo er den Blicken des Königs verborgen war. Er legte am Boden ein Feuer an, und der Rauch stieg zum Himmel empor, sodass die Gäste glaubten, Ali sei mit dem Kochen beschäftigt.

Die Mittagszeit ging vorüber, und der König rief: „Wo bleibt das Mittagessen, Ali?" „Ich bin am Kochen, König der Zeiten, die Fertigstellung ist Sache des Feuers", gab der zur Antwort. „Beeil dich, wir sind hungrig!" befahl der König. Und Ali wiederholte: „Es hängt vom Feuer ab."

Sie warteten eine Stunde, zwei Stunden, und der Hunger quälte sie. Da sagte der König zu seinen Ministern: „Lasst uns sehen, was dieser Ali macht!" Sie gingen hinüber und fanden die Töpfe in den Ästen eines Baumes hängen, während Ali seelenruhig am Feuer saß. Als der König das sah, sprach er verwundert: „Wie, die Töpfe hängen im Baum, und das Feuer ist auf der Erde? Wie sollen denn da die Speisen warm werden?" Ali entgegnete: „So wie ich warm geworden bin, als ich nachts in der Ferne ein Fünkchen sah! Die Töpfe sind nicht weit vom Feuer entfernt, nur eine Manneslänge, während ich in zwei Stunden Entfernung ein Fünklein wahrnahm." Da merkte der König den Witz und lachte. Er sagte: „Lass gut sein, Ali. Setz die Töpfe jetzt aufs Feuer."

Nun vollendete Ali das Essen, und sie speisten zusammen, und danach gab der König Ali das Geschenk, das er ihm versprochen hatte.

KOHL VERLAG Lernwerkstatt EUROPA Die Kontinente der Erde kennenlernen – Bestell-Nr. 11 795

VII. Britische Inseln

Großbritannien und Irland

England, Wales, Schottland und Nordirland gehören zu Großbritannien. Die offizielle Staatsbezeichnung ist „Vereinigtes Königreich Großbritannien und Nordirland". Großbritannien ist der größte Insel-Staat Europas. Die Republik Irland (oder auch einfach Irland) ist ein eigener Staat.

England

Die Hauptstadt London liegt an der Themse. Viele Bauwerke sind bekannt: Palace of Westminster mit Big Ben, die Towerbridge, Downing Street No 10, der Amtssitz des britischen Premier-Ministers und der Buckingham Palast.
Vor dem Buckingham Palast, wo Königin Elisabeth II wohnt, stehen Tag und Nacht Wachen in roten Uniformen und mit Bärenfellmützen. Im Tower leben immer 8 Raben, die den Briten Wohlstand und Frieden erhalten sollen.
Weitere bekannte Städte in England sind Oxford mit seiner Universität sowie Birmingham und Liverpool.
In London gibt es das Wachsfigurenkabinett, in dem berühmte Menschen lebensgroß dargestellt sind. Und Berühmtheiten sind z. B. der Dichter William Shakespeare (Romeo und Julia), Harry Potter, Mr. Bean und die Beatles.
In Großbritannien fahren die Autos nicht wie bei uns auf der rechten Seite der Straße, sondern links. Dafür sitzen die Fahrer rechts.
Das Klima ist feucht, es ist oft wolkig und die Sonne scheint selten. Es regnet viel.
Ein beliebtes Gericht der Engländer ist Fish and Chips. Wobei mit den Chips Pommes Frites gemeint sind, die mit einem Schuss Essig verzehrt werden. Vielleicht mögt ihr das mal probieren?

Stonehenge, ein Steinbauwerk in der Nähe von Salisbury, wurde 1600 Jahre vor Chr. fertiggestellt. Noch heute sind sich die Menschen nicht einig, ob es ein Kalender oder ein religiöses Denkmal sein soll.

EA

Aufgabe 1:

Die Raben im Tower haben eigene Wärter, die für ihr Wohl verantwortlich sind und aufpassen, dass die Vögel nicht wegfliegen.

Stell dir vor, eines Tages ist nun doch ein Rabe verschwunden. Wo ist er hin? Kommt er wieder? Was ist ihm geschehen? Schreibe eine spannende Geschichte. Male die Raben dazu.

Lernwerkstatt EUROPA
Die Kontinente der Erde kennenlernen – Bestell-Nr. 11 795
KOHL VERLAG

VII. Britische Inseln

PA

Aufgabe 2: *Hier findet ihr 5 berühmte Sehenswürdigkeiten Londons: Palace of Westminster mit Big Ben, die Towerbridge, Downing Street No 10, das London Eye und den Buckingham Palast. Leider sind die Bilder alle zerteilt. Setzt sie richtig zusammen.*

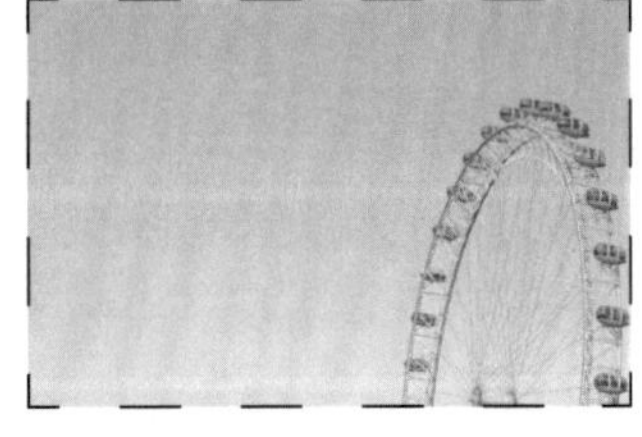

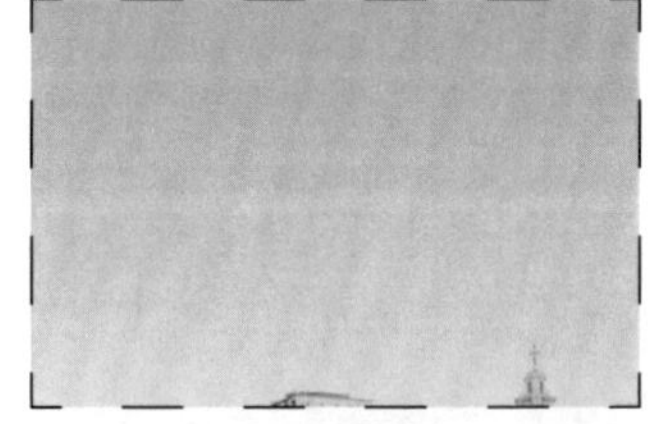
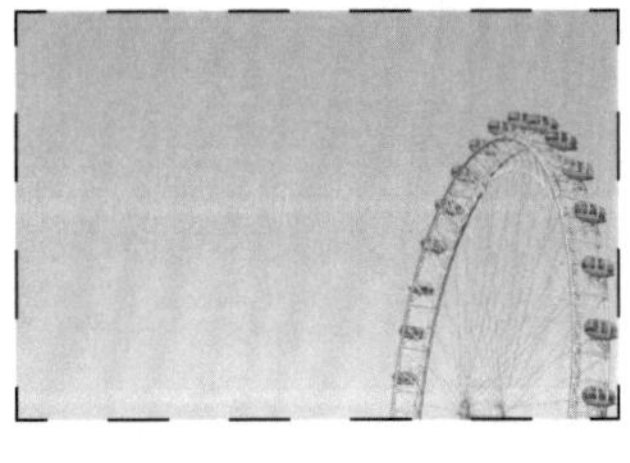

KOHL VERLAG Lernwerkstatt EUROPA
Die Kontinente der Erde kennenlernen – Bestell-Nr. 11 795

VII. Britische Inseln

Wales

Die Hauptstadt ist Cardiff. Cardiff war einst der weltgrößte Ausfuhrhafen für Kohle. Die weite Landschaft mit Wiesen, Hügeln und Mooren zieht heute viele Touristen an.

Nordirland

Das Land der Elfen, Feen und Geister, der Wiesen und Moore wird auch als die „Grüne Insel" bezeichnet, weil es dort viel regnet und die Wiesen herrlich grün sind. Wichtigster Wirtschaftszweig ist die Landwirtschaft. Es werden überwiegend Rinder und Schafe gehalten, Kartoffeln und Getreide angebaut. Die Hauptstadt ist Belfast, der längste Fluss ist der Shannon.

Irland (Republik Irland)

Während Nordirland zu Großbritannien zählt, ist Irland eine eigenständige Republik. Die Hauptstadt ist Dublin. Der längste Fluss ist der Shannon. Man zahlt mit dem Euro. Viele Iren leben von der Landwirtschaft und der Tierhaltung. Doch auch der Fremdenverkehr ist im Wachstum. Viele Besucher machen eine Planwagenfahrt über die Insel.

Schottland

Das Seeungeheuer von Loch Ness, liebevoll Nessie genannt, wohnt in Loch Ness. Natürlich gehört auch der Dudelsack, das Musikinstrument, zu den Schotten. Und die schottischen Männer im Rock, dem sogenannten Kilt. Jeder Clan (Großfamilie) hat ein eigenes Karo-Muster für seinen Kilt.

EA

Aufgabe 3: *Male den Schotten rechts bunt aus.*

EA

Aufgabe 4: *Gestalte 2 verschiedene Karomuster für einen Kilt.*

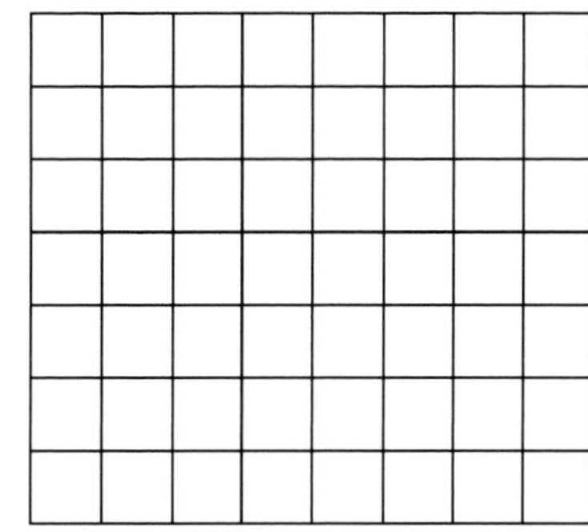

KOHL VERLAG Lernwerkstatt EUROPA
Die Kontinente der Erde kennenlernen – Bestell-Nr. 11 795

EA

Aufgabe 5: *Setze die richtigen Wörter in das Rätsel ein. Die Buchstaben in den grauen Kästchen ergeben Lösungswort.*

1. Zum Vereinigten Königreich gehören England, Wales, S …
2. und N …
3. Die Hauptstadt des Vereinigten Königreichs ist …
4. Die Königin lebt im …
5. Im Tower leben ständig acht …
6. Der bekannte Glockenturm in London wird … genannt.
7. Die Tower Bridge führt über die …
8. Schottlands bekanntes Seeungeheuer lebt in …
9. Der Rock, den die Schotten tragen, nennt man …
10. In Nordirland kennt man viele Geschichten über Elfen, Feen und …
11. Musik machen die Schotten oft mit dem …
12. Die Hauptstadt von Irland ist …

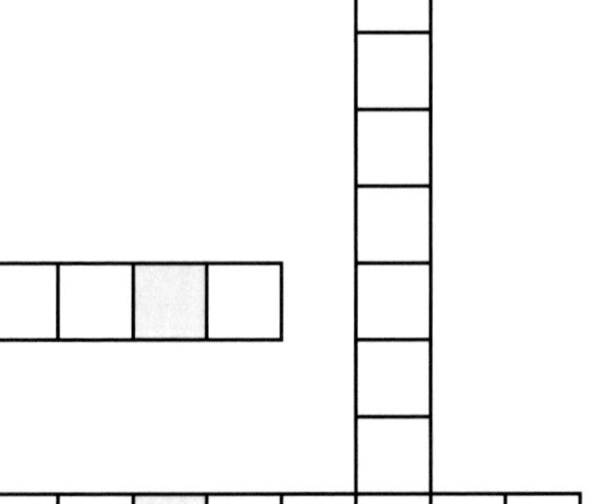

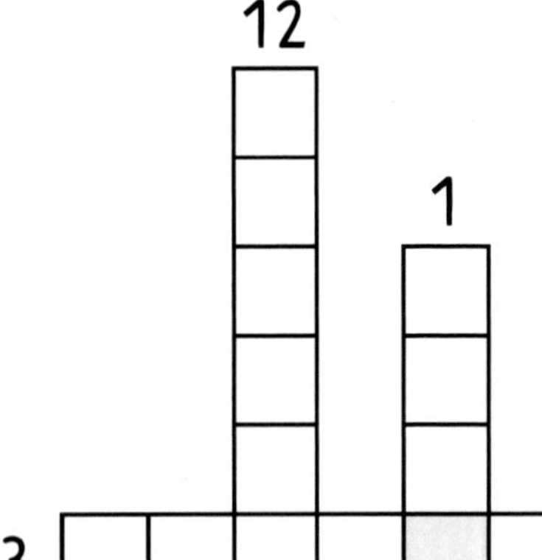

Name des britischen Königshauses:

W _ _ _ _ _ _ _

Lernwerkstatt EUROPA Die Kontinente der Erde kennenlernen – Bestell-Nr. 11 795
KOHL VERLAG

VIII. Nordeuropa

Skandinavien

Schweden

Schweden liegt auf der skandinavischen Halbinsel. Es ist das größte Land Skandinaviens und eines der waldreichsten Länder Europas. Mehr als drei Viertel Schwedens besteht aus Wald. Holzproduktion und Papierherstellung sind wichtig. Schweden ist außerdem reich an Bodenschätzen.
Die Hauptstadt Stockholm besteht aus 14 Inseln, die durch zahlreiche Brücken verbunden sind. Schweden grenzt an Norwegen und Finnland, sowie an die Ostsee. Das Land hat viele Seen und noch mehr Inseln. Die größte Insel heißt Gotland.
Na, und wer kennt sie nicht? Astrid Lindgren, die viele Geschichten über Pippi Langstrumpf, Madita und den Michel von Lönneberga geschrieben hat, kommt aus Schweden. Und auch Nils Holgerson ging hier auf seine Reise.
Schwedens Wahrzeichen ist der Elch. Doch die Wälder des Landes bieten auch einigen anderen Tieren eine Heimat: Wildschweine, Bären, Luchse und Wölfe gedeihen hier dank strenger Naturschutzbestimmungen.

Norwegen

Es gibt nur vier große Städte in Norwegen: Oslo, die Hauptstadt, Bergen, Trondheim und Stavanger. Die meisten Menschen leben im Süden des Landes.

Die Norweger haben wie die Schweden und die Dänen Wikinger Vorfahren. Die nördlichste Stadt des Landes ist Hammerfest. Zu Norwegen gehören auch das Nordkap und die Inseln Spitzbergen. Gebirgsketten, Schären und Fjorde prägen dieses Land. Die Küste ist zerklüftet und gliedert sich in Schären und Fjorde.

- Schären sind felsige Inselgruppen, die vor der Küste liegen.
- Fjorde sind tiefe Buchten, in denen das Meerwasser ins Landesinnere drängt.

Es gibt in Norwegen unzählige Fjorde, die von steilen Felswänden umgeben sind. Wasserfälle, Gletscher, Eisseen und Wälder bilden eine wunderschöne Landschaft. Das Nordkap, eine Landzunge hoch im Norden, gilt als nördlichster Punkt Europas. In Hammerfest, der nördlichsten Stadt des Landes, scheint die Sonne im Sommer zwei Monate lang, ohne unterzugehen. Während es an vielen Wintertagen nicht richtig hell wird, feiert man die Sommersonnenwende, wo die Sonne die ganze Nacht sichtbar ist und es somit nicht dunkel wird.

EA

Aufgabe 1: *Berichte mit deinen Worten über.*

Schären – Fjorde – Nordkap – Hammerfest – Oslo – Stockholm

VIII. Nordeuropa

Finnland

Die Finnen nennen ihr Land „Suomi". Man nennt es auch „Land der 1000 Seen". Es gibt aber viel, viel mehr Seen in Finnland. Die Hauptstadt ist Helsinki. Finnland ist das am dichtesten bewaldete Land Europas. Es wachsen Kiefern, Fichten und Birken. Dieses Holz wird zu Papier und Möbeln verarbeitet und bildet so einen wichtigen Wirtschaftszweig. Im Land gibt es viele Elche und Rentiere. Diese werden halbwild gehalten. Die Küste hat wie Norwegen viele Schären.

Die Samen oder Lappen

In den nördlichsten Gebieten von Norwegen, Finnland und Schweden wohnen schon seit Urzeiten die Samen (auch Lappen genannt). Sie wohnen in Zelten und ziehen als Nomaden mit ihren Rentieren von Ort zu Ort. Sie leben von der Rentierzucht, aber auch von Fischfang und Jagd. Die Behausungen der Samen heißen Goahti, auf deutsch werden sie Koten genannt.
Typische Speisen der Sami sind Suovvas (gesalzenes, geräuchertes und getrocknetes Rentierfleisch), Gáhkko (Fladenbrot), und Juobmo (gekochter Sauerampfer mit Milch und Zucker).

EA

Aufgabe 2: *Fülle den Lückentext richtig aus.*

Norden – Russland – Koten – Rentiere – Lappen – Norwegen

Sami-Menschen, die auch ____________________ genannt werden, leben im hohen ____________________ von Europa. Sie bewohnen ____________________ oder Hütten. Sie züchten ____________________. Sami-Menschen leben in ____________________, Schweden, Finnland und ____________________.

EA

Aufgabe 3: *Hier siehst du Länder Nordeuropas: Schweden, Norwegen und Finnland. Beschrifte die Umrisse richtig. Lies dazu die folgenden Beschreibungen.*

1. Westlich von Schweden liegt die Insel Gotland. Es ist die zweitgrößte Insel in der Ostsee.
2. Norwegen ist ein langgezogenes Land. Die Küste ist durch Schären und Fjorde sehr zerklüftet.
3. Finnland wird auch das Land der 1000 Seen genannt. Besonders im Süden liegen viele Gewässer.

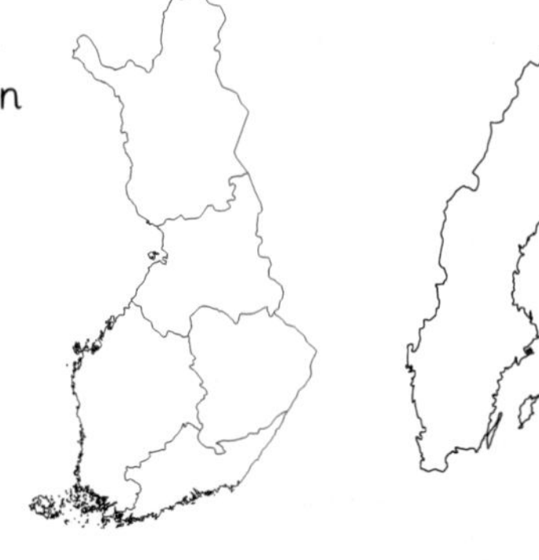

____________________ ____________________ ____________________

Lernwerkstatt EUROPA
Die Kontinente der Erde kennenlernen – Bestell-Nr. 11 795
KOHL VERLAG

Wolf, Braunbär, Luchs und Wildschwein

Der **Wolf** ist ein Raubtier. Seine Nahrung reicht von Obst über Heuschrecken und Mäuse bis hin zu großen Tieren wie Hirsche und Elche. Ein erwachsener Wolf frisst jeden Tag etwa 4 kg. Wölfe können aber auch bis zu zwei Wochen ohne Nahrung auskommen. Wölfe leben in Rudeln, das heißt mit mehreren Tieren zusammen. Sie sind sehr scheu und man kann sie nur sehr selten sehen. Sie werden etwa 1 – 1½ m groß und wiegen um die 45 kg. Ihr größter Feind ist der Mensch.

Der **Braunbär** ist ein Einzelgänger. Er lebt in den Steppen und in dichten Wäldern. Ein erwachsenes Männchen kann bis zu drei Meter groß und über 700 Kilogramm schwer werden.

Der Braunbär ernährt sich hauptsächlich von Knollen, Früchten und Blättern. Aber auch Insektenlarven, Mäuse, Fische, Hirschkälber und Aas mag er. Im Herbst frisst er sich ein dickes Fettpolster an, von dem er während seiner Winterruhe zehrt.

Der **Luchs** macht Jagd auf fast alle Säugetiere und Vögel, z. B. Mäuse, Murmeltiere, Füchse, Marder und Wildschweine. Die langen Haare an seinen Ohren kann er wie kleine Antennen in alle Richtungen bewegen. Ein Luchs wird etwa 1 m lang und 22 kg schwer. Er ist ein Einzelgänger. Der Luchs kann ausgezeichnet sehen und hören. Deshalb sagt man über jemanden, der besonders gut hören und sehen kann: Der hat Augen und Ohren wie ein Luchs.

Wildschweine sind Allesfresser und sehr anpassungsfähig. Keiler nennt man männliche und Bache weibliche Wildschweine. Jungtiere heißen Frischling. Das Fell des Wildschweins hat lange borstige Deckhaare. Das Wildschwein durchwühlt bei der Futtersuche den Boden nach Wurzeln, Würmern, Mäusen, Schnecken und Pilzen. Es mag auch sehr gerne Eicheln. Bachen und Frischlinge leben in Gruppen, Rotten genannt. Der Keiler ist meist ein Einzelgänger.

EA

Aufgabe 4: *Schneide die Bilder und die Texte aus. Klebe sie passend auf ein großes Blatt.*

EA

Aufgabe 5: *Erkläre die folgenden „Fachwörter" in deinem Heft/Ordner.*

Rudel – Aas – Rotte – Einzelgänger – Winterruhe – Bache – Keiler – Frischling

VIII. Nordeuropa

Elch, Rentier und Wisent

Das Rentier	Der Elch	Der Wisent
Rentiere gehören zur Familie Hirsch und leben in den nördlichsten Waldgebieten Europas. In Nordeuropa leben neben den zahmen Rentierherden auch heute noch wilde Rentiere: Die größte Herde von Wild-Rentieren in Europa findet man in Süd-Norwegen. Rentiere leben in großen Herden, die einige hundert Tiere zählen können.	Elche leben in kühlen, nördlichen Regionen: in Schweden, Norwegen, Finnland und Russland. Nur die Männchen haben ein Schaufel-Geweih. Elche sind meist Einzelgänger. Nach der Paarung trennen sich Männchen und Weibchen wieder. Nach etwa acht Monaten bringen die Weibchen ein Junges zur Welt. Elchmütter sind zu dieser Zeit sehr angriffslustig.	Der Wisent ist das größte Tier Europas. Das wilde Rind hat massige Gestalt und einen großen, gesenkten Kopf. Das dicke, zottelige Fell der Tiere ist der beste Schutz gegen eisige Kälte. Sowohl Männchen als auch Weibchen haben spitze Hörner. Bei den Männchen werden sie bis zu 50 cm lang. Wisente sind sowohl am Tag als auch in der Nacht aktiv.

EA

Aufgabe 6: *Setze die Tiere richtig zusammen und klebe sie oben in die Kästen.*

EA

Aufgabe 7:

a) *Welche Tiere sind Einzelgänger?*

b) *Welche Tiere leben in Herden?*

c) *Wer hat ein großes Schaufelgeweih?*

d) *Bei welcher Art haben Männchen und Weibchen spitze Hörner?*

KOHL VERLAG Lernwerkstatt EUROPA Die Kontinente der Erde kennenlernen – Bestell-Nr. 11 795

Ganz weit im Norden: Island

Island

Island liegt direkt unter dem Polarkreis. Auch hier kann man das berühmte Polarlicht beobachten. Die Wikinger sollen Island um 870 entdeckt und hier gelebt haben. Es ist das am dünnsten besiedelte Land in Europa. Die Hauptstadt ist Reykjavik. Die Menschen leben meist an den Küsten vom Tourismus und der Fischerei. Island ist die größte Vulkaninsel der Erde. Mit dem Wasser der heißen Quellen könnte man täglich über 1000 Badewannen füllen. Dazu gibt es viele Flüsse, Seen und Wasserfälle. Island ist die Heimat des Islandponys.

EA

Aufgabe 8: *Lies den Text oben und schreibe zu jedem der Bilder einen Satz.*

_______________ _______________ _______________

_______________ _______________ _______________

_______________ _______________ _______________

EA

Aufgabe 9: *In den Gewässern um Island leben viele Walarten, z. B. Blauwal, Finnwal, Buckelwal, Schwertwal und Pottwal. Beschrifte sie richtig.*

- Der Blauwal ist der größte Wal.
- Der Pottwal hat einen eckigen Kopf.
- Der Buckelwal hat besonders lange Flossen.
- Der Schwertwal ist schwarz-weiß gezeichnet.
- Der Finnwal ist der zweitgrößte dieser Wale.

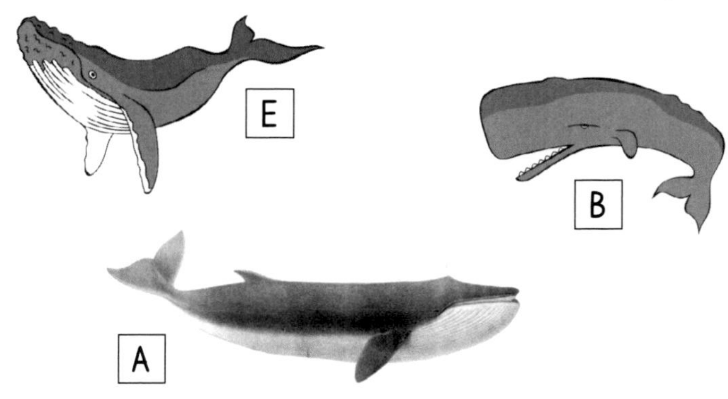

D

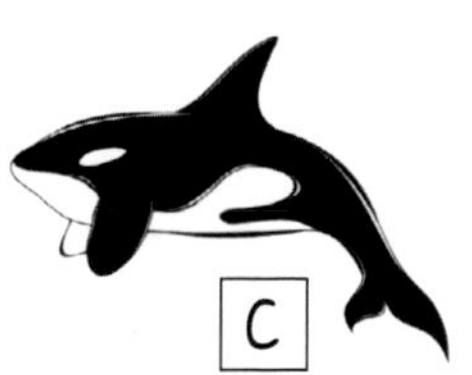

KOHL VERLAG Lernwerkstatt EUROPA Die Kontinente der Erde kennenlernen – Bestell-Nr. 11 795

IX. Das Baltikum

Die baltischen Staaten

Estland

Estland liegt im Norden der baltischen Staaten. In der Ostsee befinden sich mehr als 1500 Inseln, die zu Estland gehören. Die meisten sind jedoch nicht bewohnt. Estland besteht überwiegend aus Wäldern, Wiesen und Mooren. Bis Mitte des 20. Jahrhunderts wurde viel Landwirtschaft betrieben. Dann wandelte sich das Land und baute Maschinen und Schiffe. Die alte Hansestadt Reval war der nordöstlichste Ort der mächtigen Hanse. Heute heißt diese Stadt Tallinn und ist die Hauptstadt Estlands.

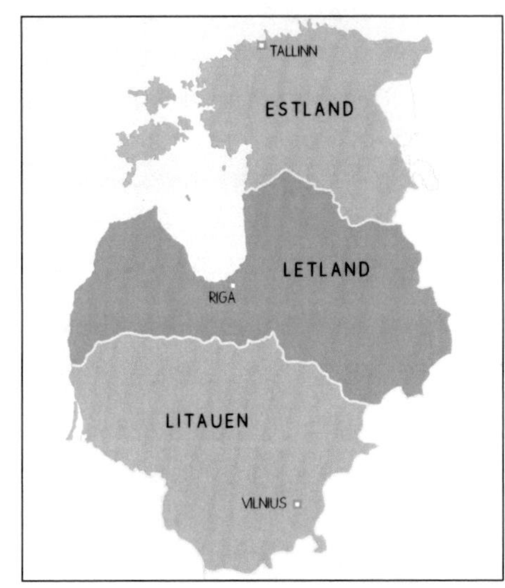

Lettland

Auch Lettland wurde, wie Estland, 1990 unabhängig von Russland. Lettland spielt eine wichtige Rolle im Schiffsverkehr in Europa. Zu den wichtigsten Häfen gehört die Hauptstadt Riga. In Lettland finden wir weite Ebenen und bewaldete Hügel. Die Ebenen werden für den Anbau von Kartoffeln, Flachs und Futterpflanzen genutzt. Viele Bauern halten vor allem Schweine und Rinder. Maschinenbau, Chemikalien, Holzprodukte, Elektronik sowie Textilien sind wichtige Bereiche in der Industrie. An der Küste findet man oft Bernstein. Das sind gelbe oder bräunliche Klumpen von erhärtetem Harz, die über 30 Millionen Jahre alt sind. Bernstein wird zu Schmuck verarbeitet.

Litauen

Litauen ist das südlichste der drei baltischen Länder. Die Hauptstadt heißt Vilnius. Wir finden viele Seen, Moore und Wälder. Der Boden dort ist sehr fruchtbar und eignet sich bestens für den Ackerbau. Entlang der Küste Litauens gibt es viele Sandstrände. Südlich der Stadt Klaipeda beginnt eine Landzunge. So nennt man ein Stück Land, das sich ins Meer erstreckt. Die Kurische Nehrung ist eine solche Landzunge und fast 100 Kilometer lang. Es ist die größte Sanddüne Europas.

EA

Aufgabe 1:

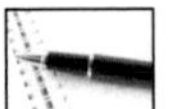

a) *Male die Karte oben farbig aus. Die Ländernamen zeichnest du schwarz nach.*

b) *Finde heraus, was die Hanse war.*

c) *Notiere zu jedem Land die Hauptstadt und die Besonderheit in dein Heft/in deinen Ordner.*

KOHL VERLAG Lernwerkstatt EUROPA
Die Kontinente der Erde kennenlernen – Bestell-Nr. 11 795

IX. Das Baltikum

Tiere im Baltikum

Tierwelt

Die baltische Tierwelt ist so vielfältig wie kaum eine andere in Europa. Wenig menschliche Besiedlung und viele Naturlandschaften bieten die besten Lebensräume für die Tiere: Hasen, Füchse, Hirsche, Rehe, Marder, Dachse, Wildschweine, Otter, Biber, Wölfe und sogar Nerze sind in den Wäldern und Gewässern heimisch. Hinzu kommen Braunbären, Luchse, Elche und Wisente, die alle geschützt werden. Allerdings wurden manche (wie Wisente und Biber) erst kürzlich wieder angesiedelt. Andere (vereinzelt Wölfe, Bären und Luchse) haben sich bis heute vor allem in den einsamen Wald- und Moorgebieten halten können. In den Sumpfniederungen sieht man immer wieder mächtige Elche mit ihrem riesigen Schaufelgeweih. Auch Störche gibt es hier noch häufig.

PA

Aufgabe 2: *Kennt ihr euch aus? Schreibt die richtigen Namen zu den Tieren:*

Storch – Elch – Wolf – Biber – Braunbär – Luchs – Dachs – Nerz

GA

Aufgabe 3: *Erstellt in Gruppenarbeit einen Bericht zu den verschiedenen Tieren.*

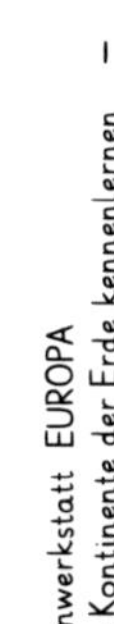

X. Osteuropa

Die Oststaaten

Aufgabe 1: *Die fehlenden Buchstaben nennen euch die Hauptstadt zu jedem Land. Lest aufmerksam.*

Ukraine

Die Ukraine mit der Hauptstadt _ _ _ _ ist das zweitgrößte Land Europas. An der _üste am Schwarzen Meer liegt die Halbinsel Krim. Große Teile der Ukraine bestehen aus we_ter, flacher Steppenlandschaft. Die wichtigst_n Anbaufrüchte sind Winter_eizen, Mais, Gerste, Zuckerrüben und Kartoffeln. Aber leider ist der Umweltschutz nicht sehr gut in der Ukraine. Dadurch verpesten Stahl- und andere Werke die Luft stark. Außerdem geht auch eine Gefahr durch den Unfall im Atomkraftwerk Tschernobyl aus, durch den viele Teile des Landes immer noch verseucht und unbewohnbar sind.

Weißrussland (Belares)

Weißrussland liegt in Osteuropa und heißt eigentlich Belares. Die Hauptstadt heißt _ _ _ _ _ . Im Norden des Landes befinden sich _oore, Flüsse und Seen. Tief in den Wäldern der Naturschutzgebiete leben viele Hirsche, Elche und Wildschweine. Die Biber halten sich entlang der zahlreichen Flüsse auf. Es gibt in We_ßrussland auch noch Wisente. Der Reaktoru_fall im Atomkraftwerk von Tschernobyl in der Ukraine hat auch hier zur Verseuchung des Bodens geführt. Sie sind unbrauchbar für den Anbau von Getreide und Gemü_e. In den anderen Gebieten werden vor allem _artoffeln, Futterpflanzen und Flachs angebaut.

Ungarn

Der Tourismus bringt Geld ins Land. Die zahlreichen Thermalquellen werden als Heilbäder genutzt. Allein in _ _ _ _ _ _ _ _ _ , der Hauptstadt Ungarns, sprudeln über 100 dieser Quellen. Auch der Plattensee, der auf ungarisch _alaton heißt, ist ein beliebtes Urla_bsziel. Einer alten Sage nach steht in den Tiefen des Balatons eine Kirche, in _er ein Mädchen weint. Seine Tränen sollen das Wasser seidenweich machen. Aber nur sol_nge es weint, gibt es Wasser im See. Hier leben auch die seltenen Fischotter. Zu Ungarn gehören _aprika und Gulasch sowie die Zigeuner und die Puszta. Die Puszta ist ein_ grasbedeckte Steppe. Angebaut werden Weizen, Mai_, Paprika und _abak. Auch der Weinanbau hat eine alte Tradition.

Moldawien

Die Hauptstadt ist _ _ _ _ _ _ _ _ _ . Moldawien ist ein Binnenstaat. Im Westen grenzt Moldawien an Rumänien, während der Rest des Landes von der Ukraine umschlossen wird. Der Fluss Dnjestr ist ein wi_htiger Verkehrsweg für Sc_iffe, die Agrarprodukte, V_eh und Holz tran_portieren. Der größte Teil Moldawiens ist le_cht hügelig. Viele Moldawier leben auf dem La_d und bauen Wein, Obst, Gemüse und Tabak an. Das Land ist sehr fruchtbar und das Klim_ sehr mild. Das sind sehr g_te Voraussetzungen für eine reiche Ernte. Dennoch ist ein Großteil der Menschen in Moldawien sehr arm.

X. Osteuropa

Russland

Russland ist das größte Land der Erde. Das Land liegt auf zwei Erdteilen: ein Teil gehört zu Europa, der andere, viel größere, liegt in Asien. Die Hauptstadt Moskau und die bekannte Stadt Sankt Petersburg befinden sich in Europa. Auch die Wolga, die durch Russland fließt und liebevoll „Mütterchen Wolga" genannt wird, gehört noch zu Europa. In Russland leben viele verschiedene Völker, fast hundert verschiedene Nationalitäten mit jeweils eigener Sprache, Kultur und Religion. Man sagt deshalb „Russland ist ein Vielvölkerstaat". Typische russische Gerichte sind Borschtsch (eine Rote Bete Suppe), Piroschki (gefüllte Teigtaschen) und Blini (Pfannkuchen).

Seit dem 14. Jahrhundert ist Moskau das Zentrum des russischen Reiches, und der Kreml der Sitz der Zaren. Mitten in Moskau liegt der Rote Platz. Er war früher ein Marktplatz. Heute werden auf dem Platz Feste gefeiert und Paraden abgehalten. Direkt am Roten Platz liegt der Kreml. Im Kreml, den Regierungsgebäuden, werden wichtige Entscheidungen zur Weltpolitik getroffen. Nachdem Iwan der Schreckliche Mitte des 16. Jahrhunderts zum Zaren gekrönt wurde, begann man die wunderschöne, weltbekannte Basilius-Kathedrale zu bauen.

Russische Blinis – Rezept

Ihr braucht:

- Mehl 500 g
- Eier 4 St.
- Zucker 100 g.
- Milch 500 - 700 ml
- 1/2 Teelöffel Salz
- Öl

So geht es:

Die Eier in eine hohe Schüssel schlagen, verquirlen. Salz, Zucker und Milch unterrühren, dann das Mehl hineinsieben und rühren, bis kein Klümpchen mehr zu sehen ist.

Eine beschichtete Pfanne erhitzen, Öl verteilen und ca. 1 Kelle Pfannkuchenteig hinein geben. Durch Schwenken der Pfanne den Teig gleichmäßig verteilen und bei mäßiger Hitze anbraten Den Pfannkuchen umdrehen und auf der anderen Seite fertig backen. Dann den nächsten Pfannkuchen machen. Der Pfannkuchen kann entweder mit Marmelade bzw. Honig gegessen werden oder mit Quark, Sahne oder saurer Sahne bzw. Butter.

EA

Aufgabe 2: *In Moskau gibt es eine Reihe Gebäude mit einem typischen Umriss. Schneidet aus schwarzer oder bunter Pappe einzelne Gebäude aus. Gestaltet auf einem weißen Blatt eine „Skyline" der Stadt.*

KOHL VERLAG
Lernwerkstatt EUROPA
Die Kontinente der Erde kennenlernen – Bestell-Nr. 11 795

Der Balkan

Aufgabe 1: *Welches Auto kommt aus welchem Land? Erforscht die nationalen Kennzeichen der Balkanländer.*

SLO ______________________ MNE ______________________

HR ______________________ BIH ______________________

SRB ______________________ BG ______________________

KS ______________________ RO ______________________

AL ______________________ MK ______________________

KOHL VERLAG
Lernwerkstatt EUROPA
Die Kontinente der Erde kennenlernen – Bestell-Nr. 11 795

XI. Die Balkanstaaten

GA

Aufgabe 2: *Laminiert die Seiten und schneidet die Kärtchen dann aus. Ihr könnt damit Memory spielen. Ihr könnt auch in Gruppenarbeit zu jedem Land ein Portfolio gestalten.*

ALBANIEN	BOSNIEN-HERZEGOWINA	KOSOVO
KROATIEN	MAZEDONIEN	MONTENEGRO
SERBIEN	RUMÄNIEN	BULGARIEN

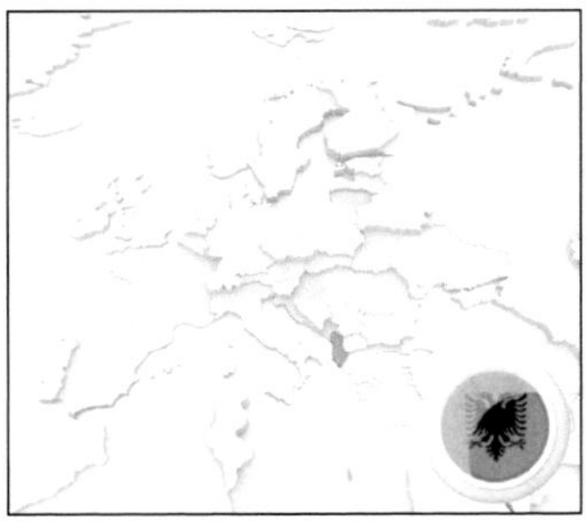

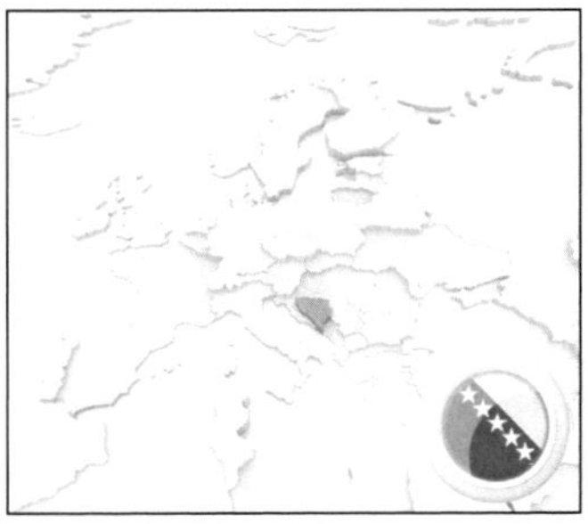

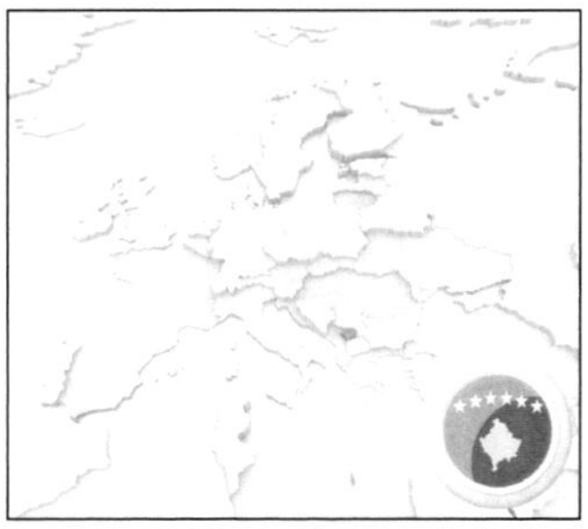

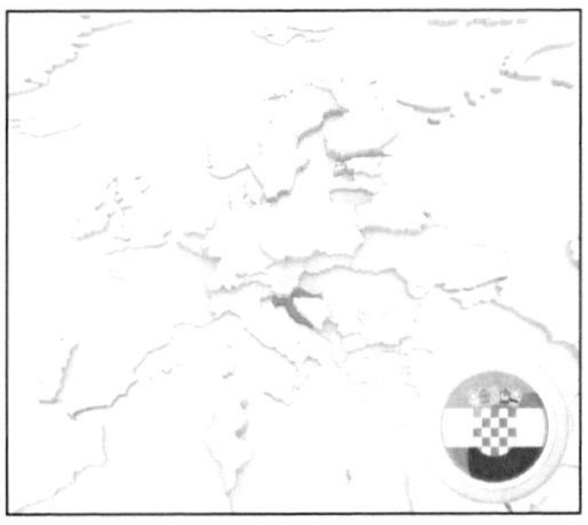

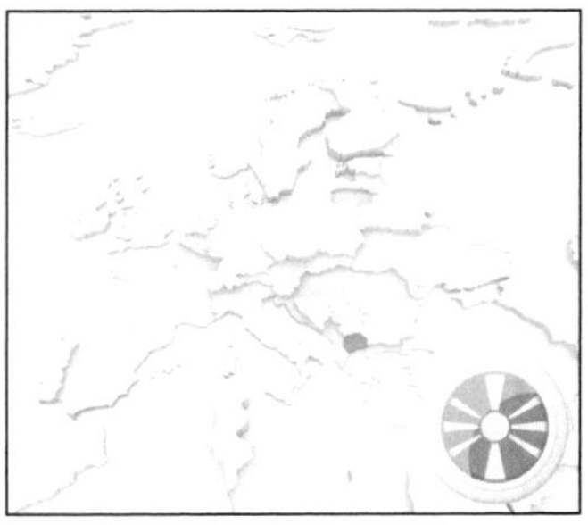

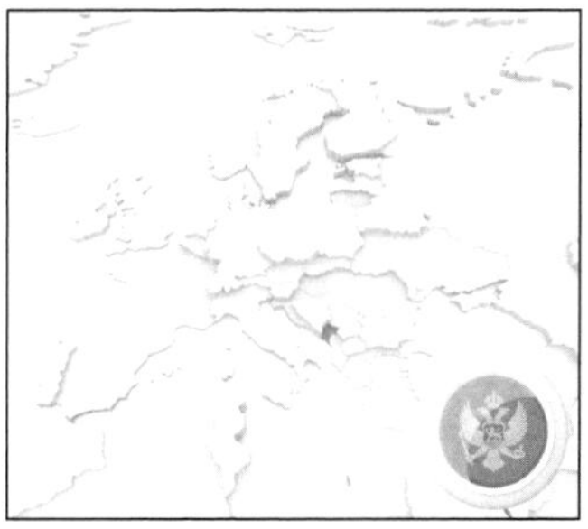

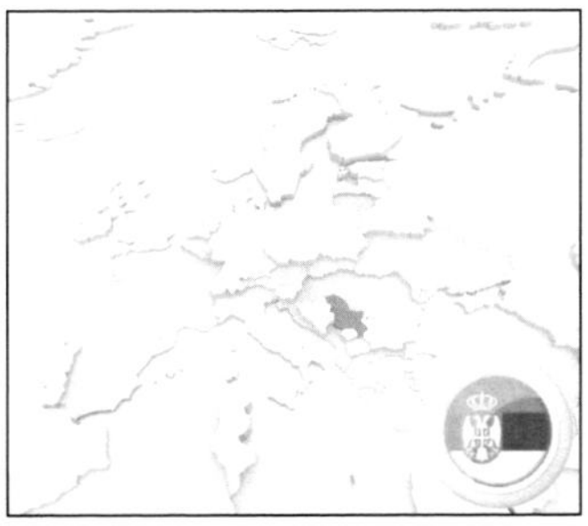

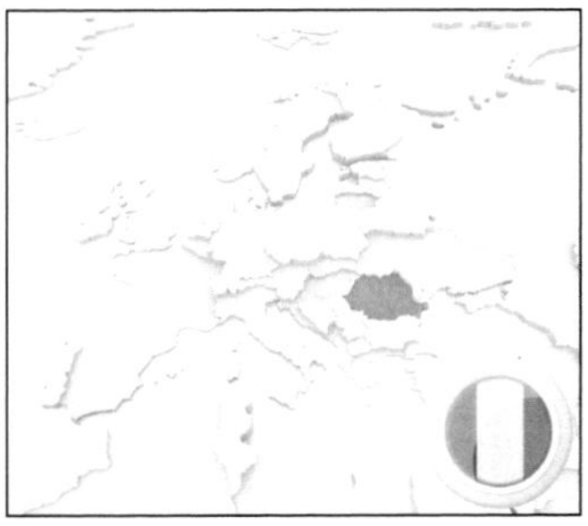

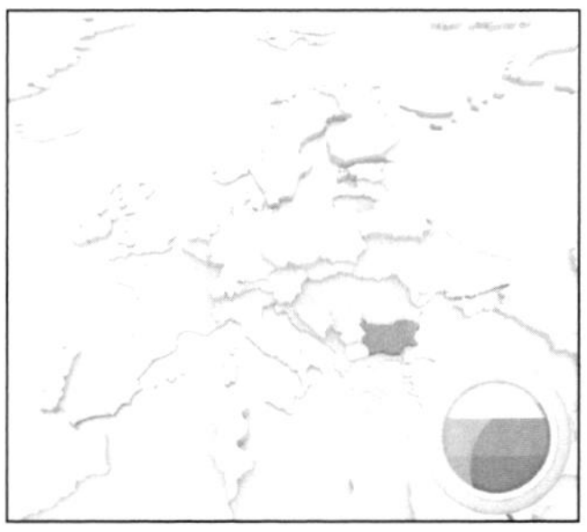

XI. Die Balkanstaaten

Memory

ALBANIEN	BOSNIEN-HERZEGOWINA	KOSOVO
Tirana	**Sarajewo**	**Pristina**
Albanien ist ein sehr armes Land. Das Land ist bergig. Zwei Drittel der Einwohner leben in abgelegenen Dörfern. Die wichtigsten Anbauprodukte sind Weizen, Gerste, Tabak, Kartoffeln und Früchte.	Das Land ist ziemlich bergig. Viele der Gebirge bestehen aus brüchigem Kalkstein. So gibt es viele Höhlen. Die alte Steinbrücke Stari Most, im Balkankrieg zerstört, steht heute als Zeichen der Versöhnung.	Der Kosovo wird noch nicht von allen Ländern der Welt als eigener Staat anerkannt. Hier gibt es viel Macchie. Das ist ein immer grüner Buschwald, in dem hier auch Olivenbäume wachsen.
KROATIEN	MAZEDONIEN	MONTENEGRO
Zagreb	**Skopje**	**Podgerica**
Durch die Adriaküste und viele kleine Inseln ist Kroatien ein beliebtes Urlaubsland. Im Südwesten an der Adriaküste liegt Dalmatien. Hier ist die Heimat der Dalmatiner, der gefleckten Hunde.	Mazedonien ist ein Binnenstaat mitten auf dem Balkan. Fast das ganze Land besteht aus Hügeln und Gebirgen. Der Ohridsee zählt zu den ältesten Seen der Welt. Dort leben viele Bewohner noch genau wie ihre Vorfahren.	Montenegro ist ein dünn besiedeltes waldreiches Gebirgsland. Die unzugänglichen Hochgebirge werden oftmals durch steile abweisende Canyons zerteilt. Darunter gilt die Tara-Schlucht als tiefste Schlucht Europas.
SERBIEN	RUMÄNIEN	BULGARIEN
Belgrad	**Bukarest**	**Sofia**
Das Klima in Serbien ist mild. So gibt es hier viel Macchie. Das ist ein immergrüner Buschwald, in dem hier auch Olivenbäume wachsen. Die Donau fließt etwa 600 km durch das Land. In Serbien gibt es die Fleischbällchen mit Zwiebeln, die man Cevapcici nennt.	Das bergige Siebenbürgen, auch Transilvanien genannt, bildet das Zentrum des Landes. Es soll die Heimat des berühmten Grafen Dracula sein. Holz ist eine wichtige Einnahmequelle. Abgelegen in den rumänischen Karpaten liegt der größte Buchenurwald Europas.	In den dünn besiedelten Gebirgsregionen leben Wölfe, Braunbären und Goldschakale, die in Europa äußerst selten sind. Im Tal der Rosen, mitten in Bulgarien, befindet sich die weltweit wichtigste Anbauregion von Rosenblüten zur Gewinnung von Rosenöl.

Lernwerkstatt EUROPA
Die Kontinente der Erde kennenlernen – Bestell-Nr. 11 795

XII. Lösungen

Kapitel I

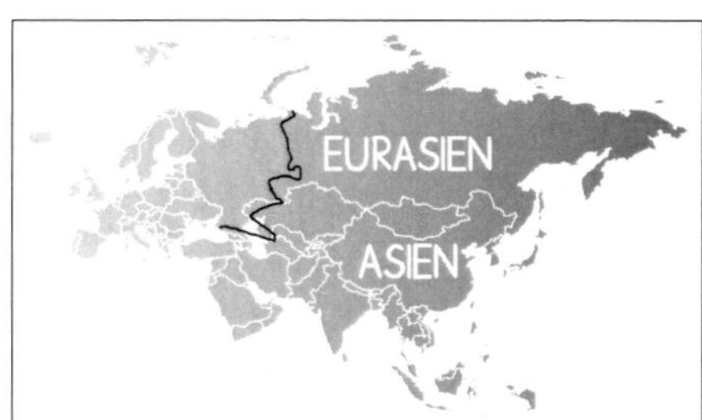

Aufgabe 1: Lösung siehe rechts oben.

Aufgabe 2: Länder in Europa: Frankreich – Niederlande – Schweiz – Italien – Spanien – Russland z. T.

Aufgabe 3: erklärt sich durch die Karte

Aufgabe 4: Schweiz, Österreich, Ungarn, Tschechien, Luxemburg

Aufgabe 5: Lösung siehe rechts Mitte.

Aufgabe 6: b) Man findet: Atlantischen Ozean – Nordsee – Russland – Bulgarien – Holland – Deutschland – Ostsee – Norwegen ...

Aufgabe 7: Lösung siehe rechts unten.

Kapitel II

Aufgabe 1:
a) Der Göttervater der Griechen war Zeus.
b) Die Götter lebten auf dem Olymp.
c) Weil die ersten Olympischen Spiele dort stattfanden.
d) Monarchie ist die Regierung eines einzelnen, Demokratie bedeutet, dass das Volk regiert.

Aufgabe 2: Von links nach rechts die Ringe:
blau – gelb – schwarz – grün – rot

Aufgabe 4: Von Süd nach Nord: Worms – Koblenz – Mainz – Bonn – Köln – Xanten

Aufgabe 5: Der Reihe nach:

Beschreibung	griechisch	römisch
Göttin der Liebe und Schönheit	Aphrodite	Venus
Göttin der Landwirtschaft	Demeter	Ceres
König der Götter	Zeus	Jupiter
Gott des Meeres	Poseidon	Neptun
Gott des Krieges	Ares	Mars
Göttin der Jagd	Artemis	Diana

Aufgabe 6: Donar war der Gott des Donners. Von ihm hat der Donnerstag seinen Namen. Der Dienstag wurde nach dem Kriegsgott Ziu genannt. Und Freitag kommt von Freyja.

Aufgabe 8: Richtig ist: Sie pflanzten Gerste, Weizen, Hafer, Hirse und Flachs an.
Sie hielten Pferde, Rinder, Schweine, Schafe, Ziegen, Gänse und Hühner.

XII. Lösungen

Kapitel III

Aufgabe 1:
- Paris – Frankreich – Eiffelturm
- Rom – Italien – Kolosseum
- Berlin – Deutschland – Brandenburger Tor
- Moskau – Russland – Basilius Kathedrale
- Kopenhagen – Dänemark – Meerjungfrau
- Brüssel – Belgien – Atomium
- Athen – Griechenland – Akropolis

Aufgabe 2: Lösung siehe rechts:

Aufgabe 3: Weil man mit den Schiffen auf den Flüssen viel transportieren konnte, Straßen gab es ja kaum, und Autos und Flugzeuge schon gar nicht.

Aufgabe 4:

	S	L	O	W	A	K	E	I			B
K				D							U
R	Ö	S	T	E	R	R	E	I	C	H	L
O		E		U		U					G
A		R		T		M					A
T		B		S		Ä		U			R
I		I		C		N		K			I
E		E		H		I		R			E
N		N		L		E		A			N
	U	N	G	A	R	N		I			
				N				N			
	M	O	L	D	A	W	I	E	N		

Aufgabe 5: Man erkennt Aare – Neckar – Main – Lahn – Sieg – Ruhr – Lippe

Aufgabe 6: Am Rhein liegen Basel – Straßburg – Karlsruhe – Koblenz – Bonn – Köln – Düsseldorf – Duisburg – Rotterdam

Aufgabe 7: Die Städte an der Elbe: Melnik – Dresden – Wittenberg – Magdeburg – Wittenberge – Hamburg – Cuxhaven

Aufgabe 8: Der höchste Berg im Kaukasus ist der Elbrus mit 5642 m.
Der höchste Berg in den Alpen ist der Mont Blanc mit 4810 m.

Kapitel IV

Aufgabe 1: Individuelle Lösung

Aufgabe 2: Von links nach rechts: Der Euro, Der Europatag, Die Hymne, Das Motto: „In Vielfalt geeint", Die Flagge

Aufgabe 3: Die EU arbeitet in Frankreich, Belgien, Luxemburg und Deutschland.

XII. Lösungen

Kapitel V

Aufgabe 1: Lösung siehe Karte rechts.

	Land	Hauptstadt
1	Deutschland	Berlin
2	Dänemark	Kopenhagen
3	Polen	Warschau
4	Tschechoslowakei	Prag
5	Österreich	Wien

	Land	Hauptstadt
6	Schweiz	Bern
7	Frankreich	Paris
8	Luxemburg	Luxemburg Stadt
9	Belgien	Brussel
10	Niederlande	Amsterdam

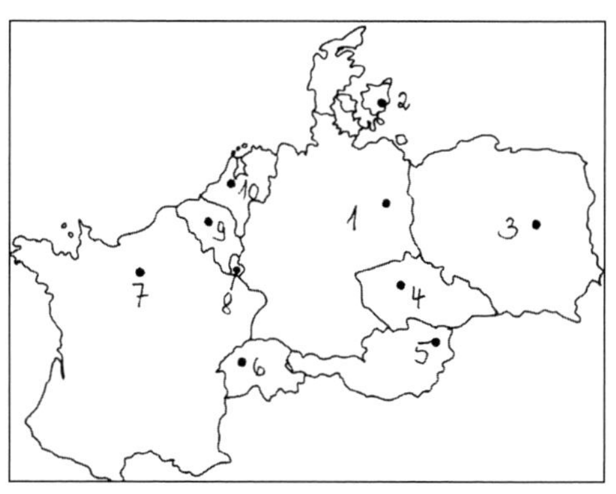

Aufgabe 3: Lösung siehe rechts unten.

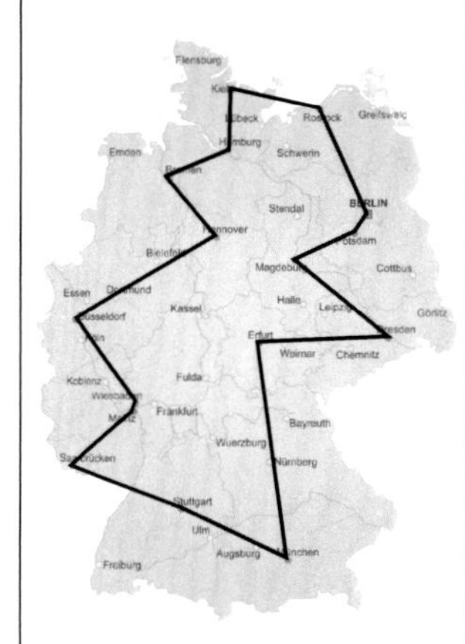

Aufgabe 4: Die Bilder von links nach rechts:
Hamburg, Berlin, Köln, München

Aufgabe 5: a) Hering, b) Sprotte, c) Dorsch,
d) Sandaal, e) Makrele

Aufgabe 6:

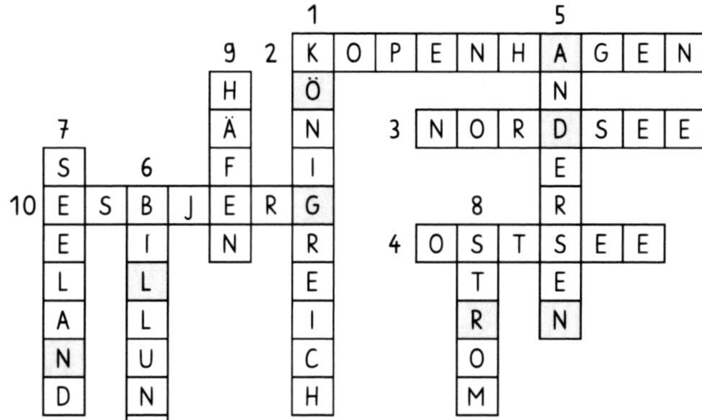

Lösungswort: GRÖNLAND

Aufgabe 7: Individuelle Lösungen

Aufgabe 8: Richtig ist: 1, 2, 6, 8, 9

Aufgabe 9: Man sieht: Windmühle – Frau in Tracht – Fußball – Landkarte – Holzschuhe – Käse – Häuser an den Grachten – Tulpen – Fahrrad

Aufgabe 10: Individuelle Lösungen

Aufgabe 11: Individuelle Lösungen

Aufgabe 12: Die Staaten an der Ostsee sind: Deutschland – Dänemark – Schweden – Finnland – Russland – Estland – Lettland – Litauen und Polen.

Aufgabe 13: 1. - d), 2. - g), 3. - h), 4. - b), 5. - e), 6. - c), 7. - a), 8. - f)

Aufgabe 14: Der Reihe nach: Eiffelturm – Sacre coeur – Triumphbogen – Notre Dame

XII. Lösungen

Aufgabe 15:

A	Arzneimittel
B	Berge, Bergsteiger, Bern, Butter
E	Eis
F	Fürstentum, Ferienziel, Fürst
G	Genf, Gletscher, Gebirge
K	Käse
L	Liechtenstein, Land
M	Matterhorn, Monte Rosa, Milch
S	Schokolade, Seen, Schweiz
U	Uhren, Urlaub
V	Vaduz, Viehhaltung
W	Wintersport, Wald, Wanderer
Z	Zürich

Aufgabe 16: Individuelle Lösungen

Aufgabe 17: Lösungswort: GEBIRGE

Aufgabe 18:

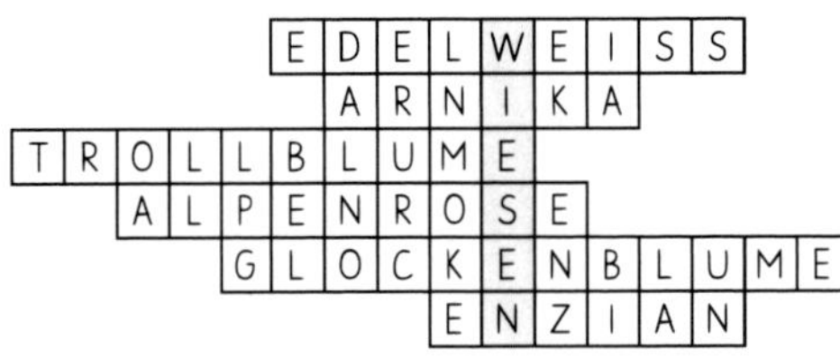

Aufgabe 20:

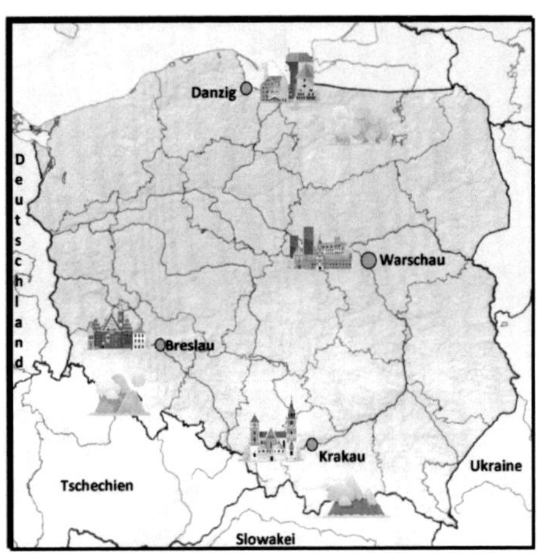

Aufgabe 22: Die Nachbarländer ...
im Norden: A = Dänemark
Im Osten: B = Polen und C = Tschechien
Im Süden: D = Schweiz, E = Liechtenstein, F = Österreich
Im Westen: G = Niederlande, H = Belgien, I = Luxemburg, J = Frankreich

Aufgabe 23: Zusammen gehört: 1. - f), 2. - a), 3. - g), 4. - h), 5. - d), 6. - b), 7. - e), 8. - c)

Kapitel VI

Aufgabe 1:

1. Das Kolosseum in Rom.
2. Der Schiefe Turm in Pisa
3. Venedigs Gondeln
4. Reste von Pompeji

Aufgabe 2: Vulkan beschriften von oben nach unten: Asche – Lava – Schlot – Magma

XII. Lösungen

Aufgabe 3: Ein aktiver Vulkan kann immer wieder ausbrechen. Inaktive Vulkane befinden sich in einem Ruhezustand, sind aber noch nicht erloschen. Bei erloschenen Vulkanen ist mit einem Ausbruch nicht mehr zu rechnen.

Aufgabe 6: **a)** Rom, **b)** Sizilien, Sardinien, **c)** Venedig, **d)** Pisa, **e)** auf Sizilien, **f)** Po,
g) Venedig, **h)** eine Holzfigur mit einer Nase, die immer länger wird, wenn die Figur lügt ...

Aufgabe 8: zu Spanien gehören: Mallorca – Allicante – Teneriffa – Barcelona – Ibiza – La Palma – Gran Canaria – Valencia – Malaga

Aufgabe 9: der Reihe nach: westlichste – iberischen – Seemacht – Magellan – Fischfang – Andorra

Aufgabe 11: Von links nach rechts: Pinie – Palme – Zypresse

Aufgabe 12:

Oliven	Zitronen	Weintrauben
Olivenöl	Zitronensaft	Wein
eingelegte Oliven	Zitronenquark	Rosinen

Aufgabe 14: Der Gott im Islam heißt Allah, das Buch ist der Koran.

Kapitel VII

Aufgabe 1: Individuelle Lösung

Aufgabe 2: So sollten die Bilder aussehen:

Aufgabe 5:

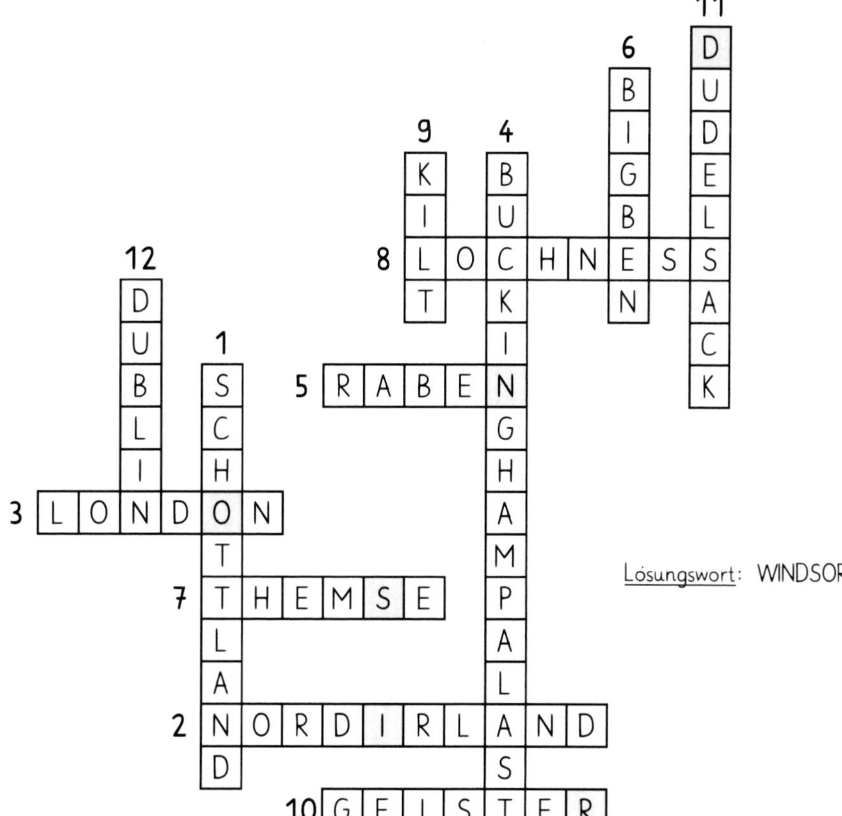

KOHL VERLAG
Lernwerkstatt EUROPA
Die Kontinente der Erde kennenlernen – Bestell-Nr. 11 795

XII. Lösungen

Kapitel VIII

Aufgabe 1: Schären sind felsige Inselgruppen, die vor der Küste liegen.
Fjorde sind tiefe Buchten, in denen das Meerwasser ins Landesinnere drängt.
Das Nordkap gehört zu Norwegen. Hammerfest ist die nördlichste Stadt Norwegens. Oslo ist die Hauptstadt Norwegens, Stockholm ist die Hauptstadt Schwedens.

Aufgabe 2: Der Reihe nach: Lappen – Norden – Koten – Rentiere – Norwegen – Russland

Aufgabe 3: Die Länder von links nach rechts: Finnland – Schweden – Norwegen

Aufgabe 5: Rudel ist eine Gruppe Tiere, Aas sind tote Tiere, eine Rotte ist eine Gruppe Wildschweine. Die Bache ist bei den Wildschweinen ein Weibchen, der Keiler das Männchen und der Frischling das Junge. Tiere, die Winterruhe halten, wachen häufiger auf und suchen gelegentlich nach Nahrung.

Aufgabe 8: Man sieht die Island-Ponys, eine heiße Quelle und das Nordlicht.

Aufgabe 9: A – Finnwal, B – Pottwal, C – Schwertwal, D – Blauwal, E - Buckelwal

Kapitel IX

Aufgabe 1:

b) Die Hanse war im Mittelalter ein Städtebund.

c)

Estland	Lettland	Litauen
Tallinn	Riga	Vilnius
Reval (Tallinn) war die nordöstlichste Hansestadt	man findet an der Küste oft Bernstein	größte Sanddüne Europas – Kurische Nehrung

Kapitel IX

Aufgabe 2: In der Mitte steht der Elch. Dann im Uhrzeigersinn, beginnend bei 1 Uhr:
Luchs – Storch – Dachs – Biber – Nerz – Wisent – Wolf – Braunbär

Kapitel X

Aufgabe 1: Ukraine – Kiew, Belares – Minsk, Ungarn – Budapest, Moldawien – Chisinau

Kapitel XI

Aufgabe 1: Slowenien (SLO), Kroatien (HR), Serbien (SRB), Kosovo (KS), Bosnien-Herzegowina (BIH), Montenegro (MNE), Albanien (AL), Mazedonien (MK), Rumänien (RO), Bulgarien (BG)

KOHL VERLAG Lernwerkstatt EUROPA Die Kontinente der Erde kennenlernen – Bestell-Nr. 11 795